# LES
# FRANÇAIS A CHANGHAÏ
## EN 1853-1855

Épisodes du siège de Changhaï par les Impériaux.

PAR

M. Arthur MILLAC

PARIS
ERNEST LEROUX, ÉDITEUR
LIBRAIRE DE L'ÉCOLE DU LOUVRE
DE LA SOCIÉTÉ ASIATIQUE, DE L'ÉCOLE DES LANGUES, ETC.
28, RUE BONAPARTE, 28

1884

# LES
# FRANCAIS A CHANGHAÏ

ANGERS, IMPRIMERIE BURDIN ET Cie, RUE GARNIER, 4.

# LES
# FRANÇAIS A CHANGHAÏ
## EN 1853-1855

Épisodes du siège de Changhaï par les Impériaux

PAR

M. Arthur MILLAC

PARIS
ERNEST LEROUX, ÉDITEUR
LIBRAIRE DE L'ÉCOLE DU LOUVRE
DE LA SOCIÉTÉ ASIATIQUE, DE L'ÉCOLE DES LANGUES, ETC.
28, RUE BONAPARTE, 28

1884

# LES FRANÇAIS A CHANGHAI

EN 1853-1855 [1]

## ÉPISODES DU SIÈGE DE CHANGHAI PAR LES IMPÉRIAUX

I

Dans la nuit du mercredi 7 au jeudi 8 septembre 1853 éclatait à Changhaï une insurrection considérable qui couvait depuis longtemps déjà au vu et au su des autorités chinoises trop faibles pour l'étouffer dans l'œuf. Cette révolte était le résultat des agissements des nombreuses sociétés secrètes dont l'empire chinois était alors miné : l'une d'entre elles, celle de la Triade ou du

---

[1] Les Anglais et les Américains, dans les ouvrages qu'ils ont publiés sur la rébellion des T'aï-ping, ont généralement laissé de côté ce que les Français avaient fait, pour ne parler que de leurs nationaux : aussi trouve-t-on peu de renseigne-

Poignard (*Siaô taô'houeï*), toute-puissante à Changhaï, sut profiter de la terreur répandue dans la province du Kiang-sou et dans la cité même par l'arrivée prochaine des rebelles t'aï-p'ing dont les plaines de la Chine centrale étaient alors inondées, pour renverser les autorités légales et lever l'étendard de la rébellion. En une nuit, le pouvoir impérial était mis à bas et le *Taô-taï* ou Intendant de cercle, le Cantonnais *Vou Kien-tchang*, plus connu dans l'histoire de ces temps troublés sous le nom de *Vou Samqua*[1], ne parvenait qu'à grand peine et avec l'aide de

ments dans ces livres sur le rôle important que la France a joué pendant cette époque troublée et surtout sur l'influence qu'elle avait à Changhaï il y a trente ans ; cependant nous avons recueilli çà et là quelques renseignements égarés qui ont pu corroborer ou prouver ce que nous savions d'autre source. Les documents qui ont servi de base au travail en quelque sorte patriotique que le lecteur a en ce moment sous les yeux sont les suivants (à part les ouvrages auxquels nous venons de faire allusion et dont on peut voir les titres dans la *Bibliotheca Sinica* de M. Cordier, col. 268-281).

1° La collection du *N. C. Herald* qui était alors le journal officiel de Changhaï et où l'on trouve l'histoire du siége racontée jour par jour et par des témoins oculaires : elle renferme des documents officiels d'une grande importance communiqués par les consuls des différentes nations et les autorités chinoises. Il faut néanmoins parcourir cette collection avec la plus grande circonspection : le *N. C. Herald*, publié à Changhaï même, était devenu pour ainsi dire l'avocat de la rébellion parce que, comme il le disait lui-même, il croyait que son succès « under the guidance of an overruling Providence, » non seulement devait émanciper la nation d'un joug despotique et étranger, mais encore devait introduire les lumières du christianisme et de la vraie civilisation et élever ainsi ses féconds millions (ses habitants) de l'esclavage rampant du paganisme à la glorieuse liberté du Fils de Dieu. Il ajoutait cependant : « Nous avons pour but de donner dans notre journal une peinture fidèle et correcte des événements et bien que nous ne cachions nullement nos sympathies, loin de nous le désir d'égarer l'esprit de nos lecteurs. » Les journaux publiés à Hong-kong avaient pris le contre-pied de cette conduite : tels que le *China-Mail* et le *Hong-kong Register* qui nièrent pendant longtemps l'existence d'une rébellion alors que celle-ci était déjà maîtresse de la moitié de l'empire et qui, quand ils furent obligés de se rendre à l'évidence, attaquèrent le caractère et la conduite des rebelles. Ils devinrent impériaux à l'excès et ne parlèrent guères des t'aï-p'ing que d'après la trompeuse *Gazette de Péking* remplie à chaque page de victoires imaginaires remportées par les généraux du Fils du Ciel.

2° Un *diary* ou journal écrit au jour le jour par un ancien résident de Changhaï qui a bien voulu nous permettre d'en faire tel usage qu'il nous plairait. L'auteur était bien placé pour voir les événements et pour connaître les fils de la politique des pays représentés alors à Changhaï et il a joint au récit des incidents quotidiens, des réflexions et des impressions dont la suite a prouvé la justesse.

Enfin nous avons obtenu des renseignements de la bouche même d'anciens résidents qui assistèrent à tout le siége, et de vieux Chinois, impériaux ou insurgés, qui, sans avoir joué eux-mêmes un rôle marquant, n'en furent pas moins à même de voir tout ce qui se passa dans la cité comme sur les concessions.

[1] Vou Sam-qua était taô-taï ou intendant du cercle (*taô*) de Sou-tchéou, Soung-kiang et T'aï-tsang ; une province se divise en plusieurs *taô* comprenant

plusieurs résidents européens de Changhaï à s'échapper des mains de ses redoutables ennemis. Il trouvait un refuge au Consulat américain.

Maîtres de la ville, les principaux chefs de la Société du Poignard, *Léou Li-tchoun*, de la Loge cantonaise, et *Tsen A-lin*, de la Fokienoise, se hâtèrent d'établir un gouvernement insurrectionnel, et, comme il arrive toujours et partout en pareille conjoncture, s'empressèrent de mettre la main sur les caisses du *Tao-taï* et du *Tche-hien* (magistrat de district) qui, moins heureux que Samqua, avait payé de sa vie la fidélité à la dynastie des Ts'ing, puis de rançonner les notables et riches habitants, de livrer au pillage les magasins de la cité. Sachant qu'un grand nombre de résidents européens avaient des sympathies pour les T'aï-p'ing (dont le chef, comme l'on sait, avait été élevé et ins-

---

chacun plusieurs départements (*fou*) : le taô-taï est l'administrateur général du cercle et, quoique civil, commande également aux forces militaires ; il réside d'ordinaire dans un *fou* ou ville départementale, mais s'il y a dans son cercle une ville inférieure plus riche, plus populeuse, plus importante, c'est là qu'il a son siège. C'est le cas pour Changhaï qui n'est qu'un *hien*, ville de district. Le taô-taï est la principale autorité avec laquelle les autorités consulaires ont affaire : d'après les traités les taô-taï et les consuls se traitent sur le pied de la plus parfaite égalité.

Vou appartenait à une classe nombreuse de fonctionnaires, due à la dynastie tartare, qui ne doit son rang qu'à sa bourse. Riche marchand de Canton, il avait acquis à prix d'argent différents titres et, grâce à sa fortune, était parvenu au grade de taô-taï. Il n'était même pas *siéou-ts'aï* (bachelier), aussi était-il peu versé dans sa propre langue, il ne parlait pas le mandarin. Mais il avait un grand mérite aux yeux de ses compatriotes : ses affaires l'ayant souvent mêlé aux Européens, surtout aux Anglais et aux Américains, il avait acquis çà et là un certain bagage de *broken english*, supérieur cependant au *pidgin english*, que parlent les compradores et les domestiques. (T. T. Meadows, *The Chinese and their rebellions*.)

Non sans talent, quoique sans degrés universitaires, Vou servit avec beaucoup de zèle la cause impériale : avant la prise de la ville par une poignée de bandits qui n'avaient aucun rapport avec les rebelles t'aï-p'ing, il n'avait rien épargné, ni ruses, ni stratagèmes, ni argent pour défendre Nanking et protéger Changhaï. Lorsque le navire de guerre français le *Cassini* était arrivé à Changhaï (premiers mois de 1853), il avait fait répandre le bruit que c'était à sa demande qu'on avait envoyé ce navire et, pour faire croire que la France était du côté des impériaux, il avait arboré, au grand mât d'un de ses bateaux de guerre, l'*Antilope*, le pavillon français que du reste M. Edan lui fit vite enlever ; il avait fait prendre à des soldats chinois des casaques rouges, presque semblables à l'uniforme anglais, pour faire croire que les Anglais le soutenaient ouvertement de leurs troupes. Quand il revint avec les impériaux sous les murs de Changhaï il déploya une activité et une énergie extraordinaires et ne recula à employer aucun moyen pour les besoins de la cause impériale. En résumé, Vou Samqua fut l'une des personnalités les plus marquantes de cette époque.

truit dans la religion par un missionnaire protestant), et désirant trouver un appui auprès d'eux, *Léou* et *Tsen* donnèrent à la communauté étrangère l'assurance qu'elle n'avait rien à craindre, ni pour les personnes de ses membres, ni pour leurs propriétés. Cependant, comme, dans les mouvements populaires, les masses ne reconnaissent pas toujours les ordres de ceux que le hasard ou le talent a placés à leur tête, les étrangers ne cessèrent de se tenir sur leurs gardes et d'être prêts à tout événement.

Leur position ne laissait pas que d'être assez critique et l'existence de leur établissement, connu sous le nom de *concessions*, où se trouvaient accumulées d'immenses richesses, où étaient centralisés d'importants intérêts, était l'objet de leur plus grande inquiétude. En vertu des traités anglais et français de 1842 et 1844, la France et l'Angleterre avaient obtenu des concessions de terrains dans cinq ports ouverts à leur commerce. La concession anglaise avait été établie dès 1844 : elle s'étendait entre le canal du *Yang-king-pang* au sud, le fleuve de *Vou-soung* (*Vou-soung-kiang*, appelé *Soo chow creek* par les résidents parce que ce cours d'eau y conduit) au nord [1], et le fleuve *Houang-pou* à l'est. A l'ouest, c'était alors une vaste solitude dont une partie avait été aménagée en champ de courses et qui était bornée par une crique le plus souvent à sec unissant le *Yang-king-pang* au *Vou-soung-kiang*. Dès le mois d'avril 1853, un mur d'enceinte avait été construit le long de cette crique dans le dessein de protéger la concession contre les incursions des rebelles T'aï-p'ing dont l'arrivée sous les murs de Changhaï était alors imminente. Quant à la concession française, créée en 1849 grâce aux efforts de M. de Montigny, alors notre vice-consul en ce port, elle est la

---

[1] De l'autre côté du Vou-soung-kiang s'établirent quelques missionnaires américains bientôt entourés d'une nombreuse population chinoise, et on donna à ce quartier, mais à tort, ce nom de *concession américaine*. Ce quartier fut réuni en 1866 à la concession anglaise et le tout prit le nom de *Foreign Settlement*, tandis que la concession française continua de subsister. Aujourd'hui il n'y a plus de concession anglaise proprement dite, il y a un *Settlement*, une concession cosmopolite vis-à-vis d'une *concession française*. Depuis quelque temps on remarque à Changhaï la tendance qu'ont les Anglais, exclusifs toujours et partout, de dire *British Settlement*, mais ce dernier est tout aussi bien *german*, *french* ou *turkish* que *british*.

plus proche de la cité chinoise dont elle longe les murs septentrionaux : en 1853, elle était bornée, au nord, par le canal du *Yang-king-pang* qui la séparait de la concession anglaise sa voisine ; à l'est, par les eaux boueuses du *Houang-pou ;* au sud, par les murailles de la ville ; à l'ouest, elle n'avait que peu d'étendue au delà de la porte du nord de la ville. Bien loin d'être aussi peuplée et aussi bâtie que sa rivale, qui possédait déjà de superbes maisons et de magnifiques magasins, la concession française n'avait, à cette époque, que deux établissements : la maison et les magasins d'un national, M. Remi ; la propriété de Mgr Maresca, évêque du Kiang-nan, occupée par le Consulat de France et une petite chapelle. En réalité, M. Remi (de Montigny) était le seul qui eût fait usage du droit de concession accordé à la France, car la propriété de Mgr Maresca n'était qu'une cession faite par le gouvernement chinois aux Missions catholiques en compensation de l'ancienne église qu'elles avaient jadis possédée dans la ville même de Changhaï. Le reste de la concession n'était qu'une solitude occupée seulement par des tombeaux, des champs, des marais, et quelques baraques chinoises.

Ainsi qu'on vient de le voir, la situation de la concession française était la plus périlleuse et sa proximité de la ville chinoise faisait craindre à chaque instant qu'elle ne fût envahie par les rebelles. M. Edan, chancelier, gérant le consulat de France depuis le départ de M. de Montigny pour l'Europe (juin 1853), ne voyait pas sans effroi des bandes de fanatiques fokienois, reconnaissables à leur turban noir et à leur ceinture rouge, s'approcher de son consulat. N'ayant aucun navire de sa nation en rade, le *Cassini*, le seul qui fût disponible dans les mers de Chine, ayant emporté M. de Montigny, il s'adressa au consul d'Angleterre, M. Alcock, pour lui demander d'étendre à la concession française les moyens de protection dont il disposait. Ce n'était qu'une sorte de réciprocité puisque, quelques mois auparavant, à la demande de ses collègues et de la communauté étrangère, il avait retardé le départ du *Cassini* jusqu'à l'arrivée d'un navire de guerre anglais. Sa demande fut prise en considération et, pour assurer la tranquillité, des patrouilles fournies par les compagnies de débarquement des navires anglais parcoururent les concessions en tous sens.

Une alerte qui eut lieu dans la soirée du lendemain même du jour où l'insurrection avait pris possession de la cité, montra qu'on avait raison de se tenir sur ses gardes : Une bande de Fokienois et de Cantonnais s'était cachée dans les maisons chinoises voisines du consulat et de la maison de M. Remi et devait, à un signal donné, se précipiter sur cette dernière, la livrer au pillage et y mettre le feu. Averti par des Chinois, M. Edan prévint le consul anglais et le commandant des forces anglaises, et immédiatement le capitaine Fishborne, commandant l'*Hermes*, vint prendre position, à la tête d'une compagnie de débarquement appuyée de deux pièces de canon, sur le pont même du *Yang-king-pang* qui reliait la concession française à la concession anglaise. Sur les vives instances du capitaine Fishborne qui n'avait pas assez de troupes pour les diviser et qui se trouvait dans l'impossibilité de protéger le consulat français, M. Edan quitta le consulat pour le campement anglais et, durant la nuit, fit plusieurs reconnaissances sur la concession avec le commandant Ellman, du *Salamander*. Ce déploiement de forces et la circulation incessante de patrouilles en imposa aux Chinois qui se tinrent tranquilles et ne tentèrent aucune attaque cette nuit-là. Mais le lendemain, au soir, alors que nulle force ne se trouvait aux environs, ils sortirent tout à coup en armes vers minuit, et se réunirent, au son des gongs et en poussant des cris sauvages, à une autre troupe qui, sortie des faubourgs, était venue les attendre devant la maison de M. Remi. Appel fut fait par exprès au capitaine Fishborne qui accourut avec ses troupes et, comme la nuit précédente, empêcha toute attaque.

On prétendit plus tard que ces Cantonnais et Fokienois n'avaient pas eu pour but, en se réunissant en armes sur la concession française, de s'attaquer aux personnes ou aux propriétés qui s'y trouvaient, mais devaient former le noyau d'une troupe qui aurait franchi le *Yang-king-pang*, aurait marché droit au consulat américain pour en enlever le tao-taï et de là, sans doute, aurait pillé le riche quartier des maisons de commerce anglaises. Quoi qu'il en soit, et pour prévenir le retour de semblables alarmes, le capitaine Fishborne laissa un corps d'observation d'une douzaine d'hommes dans la maison même de M. Remi qui devint en quelque sorte le quartier général et le rendez-vous commun pour tous ceux qui avaient droit à la protection française.

Par un hasard providentiel, les établissements des missionnaires, à savoir la cathédrale de *Tong-ka-dou*, et le séminaire de *Tsang-ka-leu*, situés tous deux au centre d'un faubourg populeux et remuant, et l'importante maison de *Si-ka-oué*, sise à quelque distance de Changhaï[1], n'avaient jusqu'alors subi aucune atteinte de la part des rebelles. Une centaine de Chinois armés, chrétiens ou habitants du faubourg que les missionnaires avaient comblés de leurs bienfaits, s'étaient établis dans une petite douane, à côté de la cathédrale, pour protéger celle-ci contre les pillards. *Si-ka-oué* avait été plus en danger : des bandes de pillards s'étaient répandues dans les environs, saccageaient tout et ne parlaient rien moins que d'attaquer, piller et incendier la demeure des missionnaires. M. Edan, voyant cela, autorisa Mgr Maresca, qui résidait à *Tong-ka-dou*, et le P. Languillat, supérieur de *Si-ka-oué* à arborer sur leurs édifices le pavillon français, couleurs bien connues des Chinois qui l'appelaient « l'arc-en-ciel de la France. » Dès ce jour, les insurgés, qui avaient intérêt à ménager les nations européennes, n'osèrent plus rien tenter, et, chose digne de remarque, nombre de villageois, voyant cet égide respecté, vinrent s'établir dans les environs à l'ombre, pour ainsi dire, du drapeau français.

Voyant l'efficacité de la protection française, un groupe de notables et d'habitants honnêtes restés dans la cité, vint secrètement trouver l'évêque pour le prier d'obtenir du consul de France et de ses collègues la promesse d'empêcher le pillage de

---

[1] La cathédrale de Tong-ka-dou et le séminaire sont situés entre le rempart oriental de la cité et la rivière Houang-pou. Si-ka-oué, où se trouve l'important établissement des Jésuites, est à une heure à l'ouest de Changhaï. (Voir sur cet établissement un article intitulé : *Une visite à l'établissement religieux et scientifique de Si-ka-oué près Changhaï*, dans les *Miscellanées chinois* de M. C. Imbault-Huart, *Journal asiatique*, n° de octobre-novembre-décembre 1880.)

la cité soit par les rebelles, soit par les impériaux. M. Edan n'avait aucun navire de sa nation sous la main : il s'entendit avec M. Alcock et tous deux déclarèrent aux rebelles que s'ils abandonnaient leur rôle de parti politique pour se livrer à des actes de brigandage et de piraterie, ils seraient traités comme le sont des pirates par tous les peuples civilisés. M. Cunningham, fort du concours de son ministre M. Marshall, alors à Changhaï, et de la présence dans ce port de la corvette américaine le *Saratoga*, déclara nettement que si les insurgés se livraient au pillage et à l'incendie de la ville, la corvette américaine empêcherait la sortie des jonques cantonnaises.

Le principal chef des insurgés, le Cantonnais *Léou*, homme non sans talent et intelligent, avait du reste compris que l'insurrection devait rester dans certaines limites pour qu'elle vécût et dès les premiers jours, après avoir toutefois mis la main lui-même sur les lingots d'argent du *Taotaï*, il avait fait arrêter les pillards, couper la tête à certains d'entre eux et établir dans la ville un service d'ordre [1]. Ces insurgés, il faut le reconnaître, n'étaient pas du reste de véritables rebelles t'ai-p'ing, dont les chefs étaient les néophytes des missionnaires protestants et dont le noyau se formait de gens de la province du *Kouang-si* : c'étaient, pour la plupart, des gens sans aveu, sans feu ni lieu, prêts à s'enrichir par tous les moyens possibles, livrés à tous les vices, à qui les provinces maritimes du Fokien et de Canton avaient donné le jour : ils faisaient partie de sociétés secrètes, se distinguaient en plusieurs loges, se reconnaissaient à certains mots d'ordre et à certains signes de ralliement [2], et obéissaient à des

---

[1] Ainsi le 20 septembre 1853 Léou, assis dans la salle voisine du temple de Confucius dont il avait fait son quartier général, et entouré de ses principaux officiers et d'une foule de soldats, fit amener devant lui un soldat qui avait volé quelques objets dans une maison et le fit punir de la plus cruelle manière. Une chaîne de fer fut chauffée à blanc puis enroulée autour des jambes du malheureux dont les muscles et les os furent par suite mis à nu.

[2] Les insurgés avaient adopté un insigne rouge qui répondait à celui des rebelles t'aï-p'ing : les uns portaient une étoffe rouge roulée comme un turban autour de la tête ; les autres se ceignaient d'une ceinture rouge ; d'autres avaient attaché aux boutons de leur camail un petit ruban de même couleur. Beaucoup d'enfants et même quelques femmes, par peur ou par sympathie pour la cause des insurgés, avaient adopté ces mêmes insignes. Dès le début, du reste, les

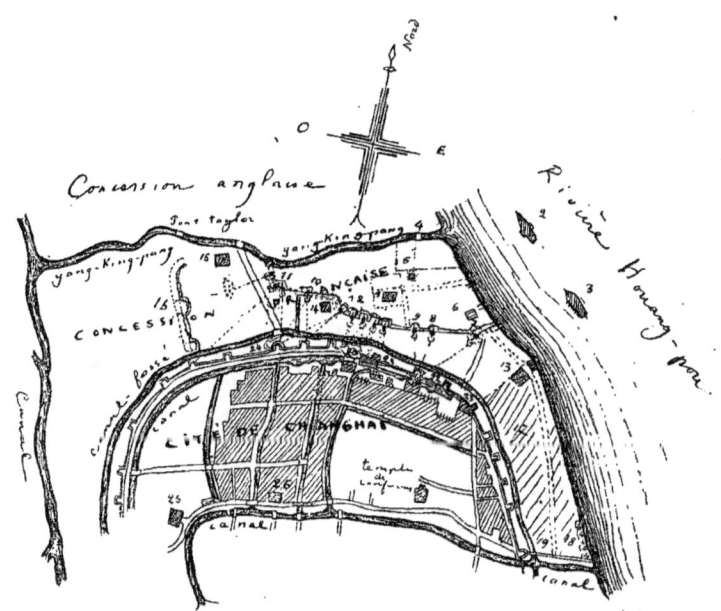

PLAN DE CHANGHAI.

chefs des mêmes provinces ou départements qu'eux, choisis par eux-mêmes à l'élection.

## II

Sur ces entrefaites, on apprit tout-à-coup que le taotaï *Vou Samqua* avait disparu du consulat américain où on lui avait donné asile ; en homme prudent, il avait eu soin, quelques jours auparavant, de faire partir sa famille pour Canton à bord du *Lady Mary Wood*, la malle anglaise d'alors, et lui-même avait disparu sans dire où il allait. Mais, comme on savait que dix mille impériaux arrivaient sur Changhaï à marches forcées, marquant la route qu'ils suivaient par des incendies et des massacres, l'on pensa qu'il avait été rejoindre les soldats de l'ordre et qu'on le reverrait sous peu, non plus en fugitif, mais en chef d'armée et en vengeur. La suite prouva que cette supposition était la vraie.

Dans les derniers jours de septembre, en effet, l'armée impériale, commandée par le général tartare *Ki-eul-'hang-â*[1], arrivait sous les murs de Changhaï, avec une flottille qui descendit le *Vousong-kiang* et vint prendre position dans le *Houang-pou*, à la hauteur de la cité. A son bord était le tao-taï *Vou-Samqua* : dès son arrivée, celui-ci annonça officiellement aux consuls la reprise de ses rapports avec les puissances étrangères, et, non content de cela, émit la prétention de continuer à percevoir, comme par le passé, les droits de douane dont le paiement avait été suspendu par suite d'un accord entre les consuls des diverses nations : l'insurrection ayant, dès le début, renversé et détruit la douane

---

membres des Sociétés fokienoises et cantonaises au pouvoir de qui était Changhaï, avaient voulu faire cause commune avec les rebelles t'aï-p'ing : ils avaient mis sur les murs des étendards jaunes avec l'inscription *T'aï-p'ing T'ien koué*, empire céleste des T'aï-p'ing ; ils avaient coupé leur queue et laissé pousser leur chevelure selon l'usage de la dynastie chinoise des Ming que les t'aï-p'ing voulaient ou prétendaient rétablir sur le trône ; il leur était défendu par leurs chefs de fumer l'opium : ces derniers avaient écrit aux rois célestes qui venaient de prendre Nanking pour demander leur appui, mais les vrais T'aï-p'ing ne semblaient guères disposés à prêter secours aux bandits locaux de Changhaï.

[1] Ki-eul-hang-â, tartare, ainsi que son nom l'indique du reste, était alors An-tch'â-sseu ou Nié-taï, grand juge criminel, de la province du Kiang-sou.

chinoise, et enlevé ainsi le frein légal qui s'opposait à la contrebande, les consuls d'Amérique et de la Grande-Bretagne, pour arrêter le désordre, décidèrent que les droits seraient acquittés entre leurs mains soit en argent, soit en simples obligations (*promissory notes*). Vou Samqua ne demanda pas seulement qu'on lui versât les droits perçus, mais manifesta même l'intention de rouvrir la douane dans le local qui y avait été consacré au milieu des concessions étrangères : mais il dut y renoncer devant l'opposition qu'il rencontra fondée sur cette raison : « qu'attendu l'insuffisance de ses forces militaires pour se protéger lui-même contre les insurgés, la colonie deviendrait, par le fait de sa présence, le théâtre de sanglants conflits dans lesquels les jours et les propriétés des étrangers seraient infailliblement exposés. » Le tao-taï n'eut pas plus de succès quand il proposa d'établir une douane flottante à bord de l'*Antilope*, navire européen qu'il avait acheté pour augmenter sa flottille : on lui opposa les mêmes objections et les mêmes arguments.

A ce sujet, une correspondance suivie et animée fut échangée entre le tao-taï, d'une part, et les consuls anglais, américain, puis français, de l'autre. La correspondance avec le premier, d'abord mesurée, faillit tourner à l'aigre. M. Alcock ayant répondu aux demandes de *Vou-Samqua* que, jusqu'à la reprise de Changhaï par les impériaux et le rétablissement de la douane, la question des droits ne serait pas prise en considération, le tao-taï déclara que si les arrérages n'étaient pas payés et si l'on ne se conformait pas aux anciens règlements, il se verrait obligé de recouvrer sur les marchands indigènes, jusqu'à la dernière sapèque, le montant total des droits. « De telles mesures de votre part, répondit le consul anglais, seront considérées par moi comme des actes d'hostilité et d'agression dont les conséquences ne pourraient être que désastreuses pour les intérêts de l'empereur. »

La correspondance fut plus calme avec le représentant de l'Amérique : la question du paiement des arrérages fut remise à l'époque où la ville serait rentrée sous le pouvoir impérial et où la douane serait régulièrement rétablie ; mais le consul déclara qu'il était prêt à traiter les affaires sur l'ancien pied et demanda en conséquence au tao-taï de fixer un endroit convenable où se tiendraient les officiers de la douane. Après beaucoup de pourparlers, le tao-taï répondit que ces officiers seraient à bord de deux canonnières chinoises mouillées à l'extrémité des concessions. Les négociants américains furent officiellement avertis par leur consul que le régime provisoire cesserait le 28 octobre.

Deux jours avant cette date *Vou-Samqua* annonçait au consul anglais l'établissement de cette douane flottante : M. Alcock répondit qu'il en écrirait à son ministre, sir Georges Bonham, alors à Hong-Kong, et peu après lui transmit la réponse de ce dernier disant qu'il allait demander des instructions à son gouvernement, mais qu'en attendant le rétablissement d'une douane régulière, il ne considérait pas le tao-taï comme fondé à réclamer les droits de douane.

La position prise par M. Edan fut toute autre : il déclara que « tant qu'une douane régulière ne serait pas rétablie à Changhaï sous les auspices d'une autorité capable de la faire respecter et de donner au commerce les garanties stipulées dans le traité, il regarderait les bâtiments français comme libres (affranchis) de tous droits. »

Les agents du tao-taï n'exercèrent donc leurs droits que sur les navires américains seuls ; mais cette situation étrange ne dura pas longtemps. En effet, le ministre des États-Unis, M. Marshall, déclara qu'à partir du 20 janvier 1854 le port de Changhaï serait port franc pour les Américains jusqu'au jour où les bâtiments des autres nations auront été soumis aux règlements du gouvernement chinois.

Pour mettre fin à cet état de choses, le consul d'Angleterre demanda à ses collègues de se joindre à lui pour établir une *douane chinoise temporaire* : tous se rallièrent à cette proposition et le tao-taï informa les étrangers que la nouvelle douane commencerait son service le 13 février 1854.

L'armée impériale avait commencé le siège de la ville le 29 septembre 1853, mais, à cause de l'incapacité des chefs qui la commandaient, de la faiblesse de leurs soldats, elle ne paraissait pas faire de sérieux progrès. Les opérations de l'armée assiégeante se faisaient avec une lenteur vraiment chinoise : de temps en temps il y avait bien quelque sortie de la part des assiégés, ou encore quelque assaut tenté par les impériaux, mais ce n'étaient en somme que de simples escarmouches, où, de côté et d'autre, une dizaine de guerriers mordaient la poussière, et deux ou trois prisonniers allaient orner de leur tête décapitée les créneaux de la ville insurgée ou les portes des camps impériaux. Force cris, acclamations, brandillements d'étendards, coups de canon et de fusil : pour le faire court, beaucoup de bruit pour rien[1]. Les armes que possédaient les deux partis étaient tellement mauvaises (il faut dire qu'elles étaient fournies à haut prix ainsi que les munitions, par des maisons de commerce étrangères) qu'il n'était pas rare de voir éclater, dans chaque action, un ou deux

---

[1] Les combats qui avaient lieu sous les murs de Changhaï étaient de véritables comédies : la fusillade ne faisait pas grand mal aux deux partis ; les impériaux tiraient fort mal et sans épauler, presque au hasard. Chacun tirait comme il voulait : les uns derrière les arbres ou les *tumuli* (tombeaux) ; les autres, les plus braves, en champ ouvert. Le spectacle était curieux à voir : au beau milieu de l'action, une troupe faisait halte, riait ou causait sous le feu ; un héros, brandissant sa lance, s'avançait courageusement, et vomissait des injures contre les insurgés ; un autre, tout en gesticulant, leur criait les noms des supplices qu'il leur préparait pour le moment où il les aurait pris.

Des récompenses étaient promises de part et d'autre aux plus vaillants : les impériaux promirent cinquante taels (environ 350 fr.) pour la capture d'un chef rebelle; dix taels (70 fr.) pour la prise d'un rebelle ordinaire. De son côté le chef Léou promit cinq cents piastres (plus de 2,500 fr.) à quiconque aurait décapité un mandarin impérial à bouton bleu ; cinquante piastres (250 fr.) pour un bouton blanc ; dix piastres (50 fr.) pour un soldat.

Dans la ville avaient lieu journellement des scènes grotesques : un jour, on vit Léou, Li, Tsen A-lin et autres chefs rebelles, se rendre en grande pompe aux temples pour brûler de l'encens : ces illustres guerriers étaient en chaise ou à cheval ; chacun portait un casque en cuivre jaune et était revêtu d'une robe brodée à dragons à cinq griffes ; n'ayant pas eu le temps de se faire faire des costumes conformes à leur dignité, ils avaient tout simplement emprunté les vêtements nécessaires à une troupe d'acteurs du voisinage, montrant ainsi, comme disent les Chinois, qu'un singe lavé et coiffé n'en reste pas moins un singe.

Une autre fois, en effectuant une sortie, les insurgés se firent accompagner d'un corps de musique qui les conduisit au combat en jouant des airs guerriers. Cette musique terrifia les impériaux qui lâchèrent pied. Une nuit que les assiégés, selon leur habitude, se livraient à des orgies effrénées près de la porte du Sud, on entendit de nouveau cette musique, renforcée d'une grande quantité de gongs et de cymbales, faire retentir des accents belliqueux : les impériaux persuadés qu'une attaque terrible se préparait contre eux, quittèrent précipitamment les postes qu'ils occupaient près des remparts et en courant affolés, perdant la tête, se réfugièrent dans leurs camps. (*N. C. Herald*, passim.)

canons et plusieurs fusils : l'armement défectueux de chaque troupe lui causait autant de mal, sinon plus, que les balles ou boulets ennemis. Les assiégés ayant l'avantage de la position, c'étaient en résumé les impériaux qui perdaient le plus de monde dans leurs attaques : nombre de leurs blessés avaient été recueillis par Mgr Maresca et ses missionnaires dans la cathédrale de *Tong-ka-dou,* transformée pour la circonstance en un vaste hôpital. Le chirurgien du navire de guerre français le *Cassini,* arrivé en rade le 3 octobre 1853, leur donnait ses soins les plus empressés.

Le siége semblait donc devoir traîner en longueur, d'autant que la flotte impériale (quelques jonques de pirates aux gages de l'Empereur)[1] laissait passer des bateaux chargés de provisions et d'armes allant aux rebelles, que les officiers et soldats de l'armée impériale vendaient eux-mêmes de la poudre et des balles aux insurgés et qu'à ceux-ci des paysans des environs venaient vendre des denrées de toutes sortes au pied des murailles septentrionales de la ville où ils avaient établi un marché permanent. Ces faits ayant été signalés au général *Ki-eul-hang-â,* ce capitaine répondit en souriant : « Je sais tout cela mieux que vous ; c'est la coutume, et je n'y puis rien[2] ! »

On s'imagine aisément la situation critique des résidents étrangers pris ainsi entre la ville insurgée, les camps impériaux et la flottille d'écumeurs de mer : car les soldats de l'ordre ne

---

[1] Parmi ces lourdes galères qui promenaient maladroitement le pavillon impérial sur le Houang-pou, il y avait trente-deux *tô-tsang tch'ouan,* bateaux de pêche, qui avaient été loués à Macao par le gouvernement chinois pour six mois, à raison de 8 piastres (plus de 40 fr.) par homme et par mois. L'armement complet de cette flotte montait à 360 canons ; les équipages formaient un effectif de 1.500 hommes. Tous ces loups de mer, de grande taille, au teint hâlé, coiffés du turban méridional, avaient jusqu'alors écumé les côtes de Chine plutôt qu'ils avaient fait le métier de pêcheurs. Du reste, dans le Sud, tout pêcheur n'est en réalité qu'un pirate. A peine arrivés dans le Houang-pou ces rudes marins pillèrent les faubourgs de Changhaï et les environs de fond en comble et emplirent leurs bateaux de dépouilles de toutes sortes, marchandises, provisions, lingots d'or et d'argent.

[2] *L'Insurrection chinoise, son origine et ses progrès,* par M. René de Courcy, *Revue des Deux-Mondes,* n° du 15 juillet 1861). La question des Rites, que l'on rencontre en Chine à chaque pas et sous toutes les formes, permet aux assiégeants, paraît-il, d'offrir des subsides aux assiégés.

valaient guère mieux que les rebelles et les uns comme les autres ne respiraient que rapines, brigandages, pillages, incendies et massacres. Ainsi le 23 février 1854, plusieurs soldats réguliers ou prétendus tels, voulurent piller la barque de Mgr Maresca qui était mouillée à la porte de la cathédrale. Aux cris des bateliers, les domestiques de la maison accoururent et, après une lutte de quelques instants, s'emparèrent de l'un d'eux et l'attachèrent au mât du pavillon français, en attendant qu'on le conduisît devant les fonctionnaires chinois. Mais, les camarades du prisonnier étaient allés chercher des renforts, une vingtaine de soldats, ou plutôt de bandits, arrivèrent en poussant des vociférations sauvages, brisèrent les portes, blessèrent deux serviteurs et, pénétrant jusqu'auprès de l'évêque, exigèrent la mise en liberté immédiate du prisonnier. Mgr Maresca, ayant demandé le nom de leur chef, remit le voleur à cet homme sur l'assurance qu'il serait puni : cette soldatesque effrénée, fière de son succès, sortit tête haute et promit de revenir le soir même pour piller et détruire l'église. Prévenu aussitôt, M. Edan se hâta d'informer les autorités impériales de ce qui s'était passé et demanda satisfaction : selon la coutume, ces autorités répondirent qu'elles « arrangeraient l'affaire de la manière la plus satisfaisante » et se gardèrent bien de reparler de cette question[1]. La cathédrale

---

[1] Deux mois auparavant, les insurgés s'étaient attaqués, eux aussi, à la mission et avaient été obligés de donner une satisfaction éclatante au représentant de la France. Le 21 décembre 1853, deux catéchistes de la mission, se rendant à la cathédrale, avaient été arrêtés par la garde de la petite porte de l'Est et conduits devant le général fokiénois. Torturés, encore que se disant catholiques, ils furent condamnés à mort. Averti de ce qui se passait, Mgr Maresca envoya un de ses prêtres pour tâcher de les faire sortir de prison d'abord, puis de la ville. Ne pouvant entrer dans la cité, ce prêtre dit aux insurgés que si on ne laissait pas sortir les catéchistes les bateaux de guerre français viendraient les prendre de force. Effrayés par cette menace, les insurgés relâchèrent les deux malheureux. Le consul de France considéra ce fait comme une insulte à la nation française et écrivit aux chefs rebelles que si, le 26 décembre à midi, le chef des bandits qui avaient arrêté et maltraité les catéchistes n'était pas amené au pied du mât de pavillon du consulat pour y recevoir cinquante coups de bambou, la marine française ouvrirait immédiatement le feu sur la ville.
Après quelque hésitation, et pressés par quelques Européens qui les engagèrent à céder pour éviter de grands malheurs, les chefs rebelles se décidèrent à obéir à l'injonction du consul, et le lundi 26, à l'heure fixée, ils amenèrent le coupable au consulat de France : cinquante soldats français, commandés par deux officiers, entouraient le mât de pavillon. L'insurgé offenseur fut mis à

même, au sommet de laquelle flottait le pavillon français, était fort exposée au feu des deux partis : à chaque instant, des balles et des boulets venaient la frapper. Les jonques impériales osaient même s'abriter derrière pour tirer sur les rebelles : mais le commandant De Plas, du *Cassini*, leur ayant intimé l'ordre de s'éloigner, faute de quoi il allait ouvrir le feu sur elles, les pirates à la solde du taô-taï allèrent s'ancrer plus en amont.

Naturellement, par suite de la proximité de la lutte, les concessions étrangères étaient en grand danger : les balles perdues, les boulets arrivés au terme de leur course, pleuvaient sur leur territoire et venaient endommager les demeures des résidents : le consulat de France, situé à quatre cents pas des remparts septentrionaux de la ville, et complètement à découvert de ce côté, était le plus exposé. Des projectiles perdus tombaient à chaque instant dans le jardin, écornaient le consulat ou frappaient la maison de M. Remi occupée depuis l'arrivée du *Cassini* par une troupe de marins français qui avaient relevé le poste anglais. Un poste de six hommes avait été également établi au consulat pour le protéger. Le *Cassini* lui-même, qui, lorsqu'il était en rade, était à l'ancre à la tête des concessions, en face de la rue que l'on appelle aujourd'hui rue du Consulat, n'était pas moins exposé aux feux de la ville et de l'armée assiégeante. On se plaignit au chef rebelle *Léou* et au généralissime impérial : on les pria de rectifier leur tir et de veiller aux concessions. *Ki-eul-hang-d* répondit qu'il donnait ordre à ses troupes d'apporter plus d'attention et de soin dans leur tir. Quant à *Léou*, il fit des excuses et promit de punir à l'avenir toute imprudence de ce genre : il avait en effet intérêt à entretenir de bons rapports avec les rési-

---

genoux, et, interrogé par le consul, répondit que c'était lui qui avait saisi les catéchistes, qu'il avait eu tort et qu'il se soumettait au châtiment exigé. Le consul prit alors la parole et dit à ce malheureux qu'il avait mérité d'être sévèrement puni, mais qu'en considération de la rapidité avec laquelle il se soumettait au châtiment, on lui pardonnait pour cette fois. Le coupable fit alors le *kô-téou* (neuf prosternations le front contre terre) et le consul avertit tous les chefs d'agir avec prudence à l'égard des nations étrangères, et leur dit que la moindre insulte à la France serait immédiatement punie. Le détachement des marins escorta les insurgés jusqu'à la porte de l'Est. (*N. C. Herald*, n° du 31 décembre 1853.)

dents étrangers de la cité, car il pouvait espérer de trouver en cas de défaite un refuge sur leur territoire. Malgré cela, les balles perdues continuèrent de pleuvoir sur la concession, et le *statu quo*, dangereux pour ceux qui étaient le plus désintéressés dans la lutte, continua d'exister.

### III

Le taô-taï, qui, mieux que personne, connaissait le prix de la possession de Changhaï, redoublait d'efforts et de sacrifices pour parvenir à s'en rendre maître : pour augmenter sa petite flottille, insuffisante pour bloquer le fleuve et attaquer en même temps la cité du côté est, il fit enrôler dans le sud des pirates qui infestaient les côtes et fit venir dans le *Houang-pou* ces jonques redoutables. Cette soixantaine de jonques vint s'ancrer lourdement à la hauteur de la cité.

*Vou* profita de ce renfort pour tenter une vigoureuse attaque par eau et par terre sur les côtés est et sud-est de la ville et voyant que les faubourgs, qui s'étendaient de l'extrémité des murs à la partie du *Yang-king-pang* la plus rapprochée des établissemens français, servaient de refuge aux insurgés, il y fit mettre le feu : à la vue de l'incendie, le commandant du *Colbert*, M. de Baudéan, resté seul sur rade pendant le voyage du *Cassini* (à bord duquel se trouvaient M. de Bourboulon, ministre de France, et sa légation) à *Nanking*[1], envoya la compagnie de débarquement de son navire pour protéger le consulat de France, et le commandant du *Spartax*, Sir William Hoste, envoya des marins anglais renforcer le poste déjà établi dans la maison de M. Remi. Rien ne fut négligé pour prévenir et arrêter les progrès du feu. Les flammes s'arrêtèrent heureusement aux maisons du faubourg qu'elles dévorèrent totalement : toutes les maisons en bois qui s'y trouvaient furent leur proie. Le consulat

---

[1] Voir à ce sujet l'article de M. de Courcy que nous venons de citer, mais surtout le *N. C. Herald*, n° du 24 décembre 1853 et du 7 janvier 1854.

et la maison de M. Remi restèrent hors des atteintes du feu. Du trois-mâts converti en bâtiment de guerre où, prudent par expérience, *Vou* avait établi sa demeure, le *taotaï* avait assisté à l'incendie et dirigé les incendiaires : M. Edan lui fit connaître que toute autre tentative analogue serait l'objet, de la part des forces françaises, d'une répression immédiate et sévère, attendu que le feu avait atteint une limite qu'il ne pouvait dépasser sans devenir un danger réel pour les propriétés des étrangers. *Vou* répondit qu'il prenait en considération les intérêts des résidents, mais que tout ce qui lui avait été ordonné de brûler par le *Fou-taï* (gouverneur de la province) avait été fait et qu'il n'avait pas ordre d'aller plus loin. Il fit voir en même temps le plan de la ville où avaient été marquées à l'encre rouge les parties qu'il avait eu l'ordre de détruire.

Cependant, quelque temps après, le feu était mis à un groupe de maisons restées debout près de la cathédrale. M. Edan, craignant que le fléau dévastateur n'atteignît l'établissement religieux, s'y rendit dans un bateau découvert qu'il fit orner du pavillon français pour pouvoir passer en toute sûreté entre les batteries insurgées et impériales situées alors l'une en face de l'autre, chacune d'un côté de la rivière. La batterie impériale, à laquelle certainement les couleurs françaises n'étaient pas inconnues, tira trois coups à boulets sur le bateau de M. Edan. Celui-ci se hâta d'adresser de vifs reproches au tao-taï qui s'empressa de son côté de faire des excuses (23 mars 1854).

Peu de jours auparavant (17 mars) *Vou Samqua* avait demandé à M. Edan, sur l'ordre du *Fou-taï* et pour faciliter l'exécution d'un nouveau plan d'attaque projeté contre la ville, que le consulat de France fût transféré de la concession sur le territoire anglais, que la maison de commerce de M. Remi fût abandonnée, enfin que le pont du *Yang-king-pang*, qui reliait la concession française à la concession anglaise, fût détruit. Pour appuyer sa demande le *taotaï* prétendait que la ville était ravitaillée par le moyen d'un marché tenu sur la rivière devant la porte de l'Est, que les paysans arrivaient à ce marché par le pont du *Yang-king-pang*, que les rebelles passaient par ce pont pour se rendre sur le

2

territoire anglais, qu'enfin il craignait que, lors de la prise de la ville, les insurgés vaincus ne cherchassent à se sauver par ce pont sur les concessions étrangères. Comme indemnité, d'ailleurs, il offrait de rembourser les frais de déménagement et la location d'une autre maison. M. Edan étant neutre, ne pouvait manquer à ce devoir de neutralité adopté par son gouvernement, et changer la position de son consulat dans le but avoué d'aider dans ses manœuvres l'un des partis contre l'autre ; de plus l'honneur national lui ordonnait de rester sur la concession où flottait, depuis six ans, le pavillon français, et de protéger les intérêts de ceux de ses nationaux qui s'y trouvaient. Il manifesta donc à M. Wade, alors vice-consul d'Angleterre[1], et au capitaine O'Callaghan, de l'*Encounter*, venus pour l'engager à quitter sa maison, la ferme volonté de ne pas quitter son poste à l'heure du danger, et il répondit au *tao-taï* ces paroles mâles et énergiques : « Je me refuse absolument à faire descendre le drapeau français qui flotte sur le *Yang-king-pang* : si vous l'osez, venez l'enlever vous-même ! mais sachez que la moindre injure, la moindre insulte à la personne, à la propriété de mes nationaux, comme à la dignité de mon pavillon, ne restera pas impunie[2] ! »

Devant une déclaration aussi nette et aussi ferme, le taô-taï s'inclina et, ne pouvant contraindre le consul de France, pas plus que ses nationaux, à se retirer de la concession française, il dut abandonner toute discussion à ce sujet.

Le 17 avril le *Colbert* revenait de Macao où il avait reconduit le ministre de France et sa légation : à peine au mouillage, le commandant de Baudéan fit débarquer immédiatement une trentaine d'hommes pour relever les marins anglais, auxquels, pendant l'absence des navires de guerre français, la garde et la surveillance de la concession avait été confiée. Trois postes furent

---

[1] Depuis sir Thomas Wade, ministre de la Grande-Bretagne à Peking.
[2] L'attitude énergique de M. Edan fut louée par tous les résidents et la presse locale disait : « He has acted with a proper regard to the interests of his fellow countrymen and the national honour reposed in his Keeping by at once rejecting the overtures of the tao-taï. We are right glad that M. Edan has determined to maintain his ground, perillous though it be. » (*N. C. Herald*, avril 1854.)

formés : le premier et le plus considérable occupa une maison chinoise sise près de la cale française sur la rivière, et faisant face, d'un côté, au mouillage du *Colbert*, de l'autre, au consulat ; le second, relié au premier par des sentinelles, se trouvait dans le consulat même ; le troisième, relié de la même manière au précédent, fut installé dans la maison de M. Remi. Ces divers postes interdisaient le passage de gens armés sur la concession française pendant le jour, et empêchaient toute circulation sur le même quartier à partir de huit heures du soir.

Ces dispositions militaires eurent un plein succès et mirent un terme au brigandage des Fokienois et Cantonnais : ceux-ci avaient pris l'habitude de circuler en armes sur la concession et de s'amuser à tirer dans tous les sens au hasard. Le chef fokienois *Tsen A-lin*, se voyant fermé le théâtre ordinaire de ses exploits, protesta contre l'établissement de ces postes militaires ; mais par contre, ni *Léou*, à qui M. Edan fit part de ses intentions pacifiques et neutres, ni *Lin*, l'un de ses subordonnés les plus influents, ne manifestèrent de mécontentement. *Léou* crut même, paraît-il, que c'était pour lui venir en aide et pour empêcher les impériaux de l'attaquer de ce côté que la concession française était si bien gardée ; il s'imaginait toujours que les étrangers avaient des sympathies pour les rebelles et quand, dans les premiers jours du mois d'avril, les compagnies de débarquement anglaises et américaines avaient, sur l'ordre de leurs consuls respectifs, chassé des camps qu'elles occupaient près du champ de courses les troupes impériales dont les insultes et les incursions étaient devenues intolérables[1], il avait eu l'impudence d'adresser une lettre de félicitations aux consuls. M. Edan ne fit aucune réponse, mais M. Alcock répliqua « qu'il n'acceptait pas ses remerciements, attendu que ce n'était pas en vue de lui être utile qu'il avait chassé les impériaux des positions qu'ils occupaient. »

---

[1] Voir, sur ces journées fameuses dans l'histoire du siège de Changhaï par les impériaux et dans les annales des concessions étrangères, le *N. C. Herald*, nos du 8 et du 15 avril 1854.

Pour bien montrer aux insurgés qu'ils n'entendaient nullement faire cause commune avec eux, les consuls d'Amérique, d'Angleterre et de France adressèrent à leurs chefs, le 1er mai 1854, une déclaration qui fut publiée par les journaux du temps et que l'on nous permettra de reproduire ici :

« Nous, soussignés, consuls des trois puissances signataires de traités avec l'empire chinois.

« Mus par ce principe qu'une parfaite impartialité à l'égard des deux parties belligérantes est la première obligation que nous impose notre neutralité, et considérant que, si l'impérieux besoin de préserver la communauté étrangère nous a forcés d'en interdire l'accès aux hordes indisciplinées des impériaux, d'un côté, nous ne pouvons en permettre la libre circulation aux rebelles, sans l'exposer aux mêmes dangers de l'autre côté.

« Considérant, en outre, que toutes relations quelconques entre nos nationaux et le parti qui est maître de la ville, comme tous les avantages que celui-ci peut en retirer, constituant des actes contraires à la neutralité et préjudiciables à l'autorité qui en a été dépossédée, doivent être sévèrement interdites.

« Par ces motifs, avons pris d'un commun accord et après nous être entendus préalablement avec MM. les commandants des forces navales de nos nations respectives, la décision suivante :

« 1° A partir de ce jour, toute communication entre la cité et la colonie étrangère par le quartier du *Yang-king-pang*, et les autres issues par où elles peuvent être en contact, est strictement fermée pour les étrangers et les Chinois indistinctement.

« 2° Toute attaque contre les propriétés et les personnes de nos nationaux respectifs, toute insulte au pavillon d'une nation amie, sera l'objet d'une répression collective immédiate qui en rendra la récidive impossible.

« 3° Un exemplaire de cette décision sera adressé à chacun des trois chefs des insurgés de la cité[1]. »

---

[1] Publié dans le *N. C. Herald*, mai 1854.

Dans les premiers jours du mois de juin, les ministres d'Angleterre et d'Amérique, sir John Bowring et M. Maclane, ainsi que l'amiral anglais sir James Sterling, se trouvèrent réunis à Changhaï. Ce dernier, après avoir voulu retirer les marins qui étaient à terre et protégeaient les concessions, renonça à cette idée devant la protestation de la communauté étrangère. Dans une des conférences qu'eurent les deux diplomates et l'amiral, il fut décidé que tous les commandants des forces navales alors dans le port se rendraient dans la ville pour offrir leur médiation collective aux chefs *Léou* et *Tsen A-lin*, à l'effet d'obtenir en leur faveur la meilleure capitulation possible. Les membres de cette commission devaient être le commandant du *Colbert*, M. de Baudéan, le capitaine O' Callaghan de l'*Encounter* et le capitaine Pope du *Vandalia*. L'interprète du consulat de France, M. Smith, devait les assister.

L'occasion paraissait bonne, en effet, pour parler de capitulation : il y avait neuf longs mois déjà que durait le siège et l'anarchie commençait de régner dans la ville. Des rivalités sanglantes avaient lieu entre les chefs rebelles : ceux-ci semblaient être découragés. Pendant quelque temps ils avaient cru que les rebelles *t'aï-p'ing* allaient venir à leur secours et faire lever le siège aux impériaux : mais cet espoir n'avait pas été de longue durée. Comme nous l'avons fait observer plus haut, l'insurrection de Changhaï avait été purement locale, sans rapport avec les *t'aï-p'ing*, et était due surtout aux agissements des sociétés secrètes. Même s'ils l'eussent voulu, les *t'aï-p'ing* n'auraient pas pu, pour le moment du moins, venir au secours de ceux qui se prétendaient leurs frères : ils avaient à cette heure maille à partir près de Nanking avec les forces impériales et leur marche en avant était arrêtée. A plusieurs reprises des négociations avaient été entamées, par l'entremise des missionnaires protestants, pour traiter des conditions de la reddition : cinq haut fonctionnaires impériaux pénétrèrent même dans la cité pour s'aboucher avec les principaux chefs, mais furent saisis par une foule ivre de sang et de pillage et décapités. Les intermédiaires ayant réclamé ne purent obtenir d'autre satisfaction que les cadavres de deux insurgés, sans doute bien innocents de ce perfide guet-apens.

Dans ces conjonctures, l'un des chefs fokienois, *Lin A-fou*, considérant la cause de l'insurrection comme perdue, avait quitté secrètement la cité. D'ailleurs les insurgés ne connaissaient plus de frein : ils dépouillaient les pagodes de leurs richesses, battaient monnaie avec les statues de leurs dieux, assouvissaient leurs passions effrénées, torturaient les malheureux habitants pour leur faire avouer où ils avaient caché leur argent ou les objets de valeur qu'ils avaient encore en leur possession. En un mot l'image asiatique de la Commune de 1871 à son déclin.

Le moment semblait donc bien choisi pour sommer les insurgés de déposer les armes : malheureusement, de nouvelles conférences vinrent changer ce qui avait été décidé dans les premières, et les trois commandants, au lieu de porter aux chefs rebelles une sommation énergique et effective, ne leur remirent qu'une déclaration de neutralité, en demandant par l'organe de M. Wade, qu'ils fissent une proclamation à leurs partisans pour leur interdire, sous les peines les plus sévères, de franchir en armes les limites des concessions étrangères. Chose curieuse ! les insurgés eux-mêmes, fort inquiets de ces conférences où leur sort était mis en question, avaient tellement la certitude qu'on leur apportait une sommation d'évacuation, qu'ils refusèrent tout d'abord de recevoir les trois commandants, et qu'il ne fallut rien moins qu'une menace écrite par le commandant O'Callaghan au nom de ses collègues, ou peut-être des explications confidentielles sur le but de cette conférence, pour qu'ils consentissent à les recevoir le surlendemain.

Quelques jours après, un projet de proclamation fut communiqué par les chefs insurgés; ceux-ci se bornaient à défendre à leurs partisans, sous les peines les plus sévères, de passer, en armes, sur le côté *nord* du *Yang-king-pang*, et ne faisaient pas la moindre mention du côté *sud* où se trouvaient cependant le consulat de France, des propriétés françaises et les postes français. Ce projet fut néanmoins accepté, malgré les protestations de M. Edan et du commandant du *Colbert*. Le consul de France eut plusieurs entrevues à ce sujet avec l'amiral anglais et invita pour que les limites françaises, gardées si laborieusement par les marins du *Colbert*, auxquels était échue, dans la distribution des postes faite en avril par le commandant O'Callaghan, la pénible consigne de maintenir et d'observer les dangereux et incommodes voisins de la concession française, fussent comprises, comme celles gardées par les Anglais et les Américains, dans la circonscription de la défense commune et que l'accès en fût également interdit aux Chinois en armes. Sir James Sterling promit de faire de nouvelles démarches dans ce sens auprès de *Léou* et de *Tsen A-lin*, mais, après une longue et active insistance auprès d'eux, ces chefs déclarèrent qu'ils n'étaient nullement disposés à défendre à leurs soldats de passer en armes les limites des postes français. Ce fait était d'une gravité extrême : il mettait le comble à la mesure des nombreux griefs du représentant de la France contre les chefs de l'insurrection (août 1854).

## IV

La question commerciale étant alors intimement liée à la question politique, il n'est pas sans intérêt de signaler un fait important qui eut lieu sur ces entrefaites, d'autant qu'il montre le rôle honorable que la France, grâce à l'influence et à l'énergie de son représentant, jouait à cette époque à Changhaï. A la fin de mai, le ministre des États-Unis, M. Maclane, était monté à Nanking avec le *Confucius* et la *Susquehanna*, pour tâcher de voir les chefs rebelles : cette expédition n'eut de communications avec la ville que par lettres et il lui fut enjoint de s'éloigner au plus vite si elle ne voulait pas recevoir des boulets. En revenant, M. Maclane demanda au vice-roi une entrevue : elle eut lieu à *K'oun-chan*, sur la route de *Sou-tchéou*. Parmi les questions qui y furent agitées, il y en eut une capitale : le paiement de l'arriéré des droits de douane et le rétablissement de la douane chinoise de façon à supprimer toutes les difficultés que la douane flottante, dont nous avons signalé plus haut la création, n'avait pu aplanir. De retour à Changhaï, M. Maclane eut une conférence à ce sujet avec Sir John Bowring (26 juin) : il y fut décidé en principe que l'arriéré serait payé, que la douane serait rétablie dans la plénitude de ses fonctions, mais qu'un élément étranger y serait ajouté pour en assurer l'exercice impartial et régulier. L'introduction de cet élément étranger méritait d'être signalé : jusqu'à ce jour, en effet, le désir souvent exprimé par le *tao-taï* de voir un agent européen chargé de la surveillance et du contrôle des opérations de la Douane, n'avait été écouté avec faveur ni des Anglais ni des Américains : les bases proposées de la réorganisation témoignaient d'une façon évidente d'un retour prononcé vers le gouvernement impérial. Il est probable aussi que la certitude de l'absence de tout concert entre les rebelles de Changhaï et les rebelles T'aï-p'ing, en ôtant en partie aux premiers le caractère politique dont ils se paraient à dessein, ne contribua pas peu à produire la réaction qui s'opéra à ce moment.

Une première conférence, à laquelle assistait le tao-taï eut lieu au consulat d'Angleterre entre les consuls anglais, américains et français, MM. Alcock, Murphy et Edan. Bien qu'admise en principe, cette idée de l'introduction d'un élément étranger dans la douane souleva quelques objections. En effet, les droits de douane et de navigation qui, aux termes du traité du 24 octobre 1844, devaient être acquittés dans les ports du Céleste-Empire au profit de l'autorité chinoise, n'étaient en réalité exigibles qu'autant que cette autorité était en état d'en assurer la perception ; de plus les agents institués par un gouvernement étranger pour protéger le commerce de ses nationaux dans les ports de la Chine, avaient-ils mission de se substituer, vis-à-vis de ce commerce, à l'administration locale ? Cependant un inexorable dilemne se présentait aux trois consuls : ou bien il fallait que les étrangers assistassent l'autorité chinoise pour réorganiser le service de la douane, ou bien que le commerce cessât totalement dans le port. S'en tenir à l'application des maximes inflexibles du droit eût été s'exposer à nuire aux intérêts mêmes que les consuls avaient pour devoir de protéger.

Les trois consuls finirent cependant par être d'accord sur les trois principes suivants qui présidèrent à leur délibération et furent les bases de la nouvelle organisation de la douane : la nécessité de rétablir la douane sur un pied légal et dans les termes du traité; la nécessité de chercher dans la probité, l'énergie et la vigilance d'un contrôle étranger les garanties d'un bon service douanier; enfin l'obligation de respecter l'indépendance de l'autorité chinoise.

M. Alcock, le premier, fit la proposition qu'il n'y aurait qu'un inspecteur européen de la douane, lequel aurait été richement rétribué par l'autorité chinoise sur le montant des droits perçus. On songea alors à demander cet agent à la France, comme à celle des trois puissances dont on avait lieu d'attendre plus d'impartialité, et M. Alcock indiqua M. Arthur Smith, interprète du consulat de France, comme un choix qui réunirait tous les suffrages et serait agréable au tao-taï lui-même. Cependant, après mûre réflexion, on s'arrêta à l'idée de trois inspecteurs nommés par chacun des trois consuls d'Angleterre, d'Amérique et de France, et la liste des agents nommés par ces derniers pour ce ministère de confiance, se trouva ainsi composée de M. Wade, vice-consul d'Angleterre[1], le capitaine Cart, attaché à la légation des États-Unis, et M. Smith, interprète du consulat de France.

L'importance de cette création était attestée naturellement par le caractère de ces inspecteurs, et par l'élévation de leur traitement qui fut fixé à 6,000 piastres (plus de 30,000 francs) pour chacun, sans compter les frais de service.

Un point aussi essentiel que délicat à traiter était celui du règlement à suivre : on se décida à reprendre l'ancien règlement d'août 1851, qui était demeuré inobservé, ou plutôt inappliqué, sous l'empire du désordre et de la désorganisation, inévitables effets de la faiblesse de l'administration chinoise. On

---

[1] M. Wade ne resta qu'un an inspecteur des douanes; il fut remplacé le 1er juin 1855 par M. Lay, également du service consulaire anglais.

supprima seulement l'article qui forçait les étrangers à payer les droits dans les mains des banquiers chinois. Cet article était plutôt une preuve des méfiances de l'autorité qu'une mesure efficace pour prévenir la fraude : il montrait que si l'autorité n'était pas rassurée sur l'exactitude des commerçants étrangers à s'acquitter, elle l'était encore moins sur la probité des agents indigènes qu'elle employait. Des inspecteurs étrangers étant désormais à la tête de la douane, il n'avait plus lieu d'exister.

La nouvelle douane ainsi réorganisée commença de fonctionner le 12 juillet[1], mais ce ne fut pas le tao-taï *Vou Samqua* qui eut l'honneur de sanctionner les nominations des trois inspecteurs. En effet, accusé par des ennemis d'avoir été de connivence avec les rebelles et de n'avoir pas fait son devoir en plusieurs occur-

---

[1] Le 6 juillet, les consuls des trois puissances avaient notifié officiellement à tous l'entrée en fonctions des inspecteurs étrangers : voici ce document officiel.

NOTIFICATION ANNONÇANT L'ENTRÉE EN FONCTIONS DES INSPECTEURS DE DOUANES ÉTRANGERS.

(Extraite des *Annales du Commerce extérieur*, 1854).

Changhaï, le 6 juillet 1854.

Les soussignés, consuls des puissances qui ont conclu des traités avec la Chine, se référant à leur notification du 9 mai, relative à l'abandon de la douane de ce port par S. E. Vou, taô-taï, et l'établissement, en son lieu et place, de deux autres douanes dans l'intérieur, comme il l'a annoncé par une circulaire aux consuls, informent par la présente notification tous les résidents de leurs juridictions respectives de la suppression des postes de douane à l'intérieur, et de la réorganisation de l'administration de la douane avec un bureau d'inspecteurs et sur des bases dont ils attendent des résultats favorables. Les consignataires de tous navires arrivant ou partant, à dater du 12 du courant, seront tenus de s'adresser à la douane dans la crique de Sou-tchéou, où les droits seront dorénavant perçus en stricte conformité avec les deux clauses des traités.

S. E. le Taô-taï, directeur des douanes, ayant fait part officiellement aux soussignés de la détermination où il est d'assurer, avec le concours d'un établissement étranger, la plus complète exécution des articles des traités, quant à la perception régulière des droits, et dans tous les cas de fraude et d'irrégularité, l'application rigoureuse des pénalités, tous capitaines et consignataires de navires doivent, dans leur propre intérêt, apporter le plus grand soin à l'observation des règlements de la douane, dont copie est annexée ci-après, règlements susceptibles de modifications dont il sera donné connaissance.

Les capitaines et consignataires des navires mouillés dans le port à la date du 12 du courant devront également se mettre en rapport avec la douane et se conformer aux règlements, suivant le vœu des inspecteurs.

Signé : Rutherford Alcock.
B. Edan.
Edw. Cunningham.

rences, *Vou Samqua* tomba en disgrâce et fut appelé à *Sou-tchéou* pour rendre compte au vice-roi de sa conduite[1] : *Lann*, ancien sous-préfet de *Song-kiang*, fut chargé de l'intérim et ce fut lui qui apposa son sceau sur les brevets des inspecteurs européens.

Dans les premiers jours du mois d'août fut annoncée l'arrivée prochaine à Changhaï de la frégate la *Jeanne d'Arc*, commandant Jaurès, ayant à son bord l'amiral Laguerre, commandant en chef la division navale de la Réunion et de l'Indo-Chine[2]. La présence de l'amiral Laguerre allait changer l'aspect des affaires et la force même des choses allait amener nos marins à coopérer tacitement mais effectivement aux attaques des impériaux contre la ville.

On était donc dans l'attente de la venue de ce nouveau bâtiment de guerre, quand tout à coup, dans la nuit du dimanche 13 août, vers trois heures du matin, un officier de la *Jeanne-d'Arc* arriva à bord du *Colbert* apporter la nouvelle que la frégate s'était échouée sur le bas-fond le plus dangereux du *Yang-tse-kiang*, sur le banc du nord. Un Américain qui s'était présenté à bord comme pilote et avait surpris la confiance de l'amiral au moyen d'un certificat d'immatriculation au consulat des États-Unis, l'avait conduite, soit par impéritie, soit par calcul, droit sur ce banc.

A la nouvelle de cet accident, le commandant de Baudéan, sans perdre un moment, fit rallier tous les hommes qu'il avait à

---

[1] On avait accusé le taô-taï Vou Samqua d'avoir détourné une partie des droits de douane perçus à Changhaï, d'avoir fait des spéculations commerciales avec les Européens, d'avoir été complice des rebelles, etc.; il fut arrêté et conduit à Peking. Là trois hauts fonctionnaires furent désignés pour faire une enquête. — La *Gazette de Peking* du 12 juillet annonça la nomination de Yang-rang-ki comme taô-taï de Changhaï : le journal officiel du Céleste-Empire disait qu'il allait remplir le poste vacant (*pou-kiué*) mais ne faisait nulle mention de l'ex-taô-taï, ni ne donnait aucune raison de son remplacement. En attendant l'arrivée de Yang, on désigna Lan, que les résidents appelèrent malicieusement L'âne (les deux mots se prononçant presque de même), pour faire l'intérim. Dans le même temps que Vou tombait de son piédestal, Ki-eul-hang-à, en grande faveur, grâce aux bulletins mensongers dont il harcelait la capitale, était élevé à de plus grands honneurs : il était promu *fou-tai*, ou gouverneur de la province du Kiang-sou.

[2] Telle était à cette époque la désignation officielle de l'escadre appelée aujourd'hui *Division navale des mers de Chine et du Japon*.

terre, et, chauffant à toute vapeur, descendit le *Houang-pou* pour voler au secours de la frégate : il emmenait avec lui le remorqueur américain le *Confucius*. Le départ du *Colbert* replaça la concession française dans une position dangereuse et critique ; la fumée qu'il avait laissée derrière lui n'était pas encore dissipée que déjà des insurgés en armes parcouraient le quartier français et se dédommageaient d'une longue contrainte avec d'autant plus de licence qu'ils n'étaient retenus par aucun ordre, par aucune défense de leurs chefs. Le lundi 14, M. Edan demanda au capitaine Keane, du *Grecian,* de vouloir bien envoyer quelques-uns de ses marins pour mettre fin à cet état de choses : une garde de cinq hommes vint occuper la maison de M. Remi. La concession elle-même n'en resta pas moins ouverte aux incursions des insurgés qui se donnèrent carrière en courant de tous côtés le sabre et le fusil à la main, heureux de se dédommager de la contrainte où les avait tenus jusque-là la vigilance des marins du *Colbert*. M. Edan fut obligé de faire lui-même des rondes avec son chancelier, M. Merlo, et deux coulis, et d'arracher son propre cuisinier des mains de ceux qui l'entraînaient vers la cité.

Six malheureux marchands chinois qui avaient été encouragés à continuer à résider sur la concession par la protection qu'ils y avaient trouvée, furent enlevés de leurs boutiques et emmenés dans la ville. Un pharmacien voisin du consulat, habitant du quartier depuis de longues années et homme très recommandable, fut entraîné hors de sa maison par une troupe de forcenés ; mais, cette fois-ci, les brigands ne purent effectuer tout leur dessein : averti à temps, M. Edan réunit les cinq hommes du poste et courut à la poursuite des ravisseurs : il les rejoignit sous les murs mêmes de la ville et parvint à sauver de leurs mains le malheureux droguiste qu'ils traînaient sur les pierres, malgré ses cris et les efforts d'un des messagers du consulat qui, arrivé le premier, avait retardé la marche de ces bandits en engageant avec eux une lutte dangereuse.

L'audace de ces derniers croissant de moment en moment, M. Edan demanda et obtint du consul d'Anglererre l'occupation du poste de la rivière qui commandait la principale voie de communication avec la ville, et cinq hommes y furent placés le 15 au matin. Un poste restait encore inoccupé, et la seconde voie de communication avec la ville, celle qui touchait au consulat de France, demeurait toujours sans surveillance, mais il était impossible d'obtenir un homme de plus : les équipages du *Grecian* et du *Styx*, les seuls bâtiments anglais sur rade, étant réduits de moitié par le service actif sur les autres concessions et par les maladies.

Pendant ce temps on avait travaillé à dégager la frégate et à la remettre à flot : les munitions de guerre et les approvisionnements en avaient été débarqués, et, quand M. Edan arriva le 17 à son bord, elle était allégée de presque tout son matériel ; voyant la frégate sauvée grâce à l'énergie et à la présence d'esprit de l'amiral Laguerre, M. Edan se hâta de revenir à son poste périlleux, mais emmenant avec lui vingt-cinq soldats d'infanterie de marine que lui avait donnés l'amiral comme premier secours. Quelques heures après le départ du consul, la *Jeanne-d'Arc* se trouva remise à flot, mais malheureusement le petit remorqueur américain le *Confucius*, après l'avoir dégagée adroitement du banc du nord, l'échoua à son tour sur le banc du sud où elle passa encore quelques heures.

Ce ne fut que le 24 août que la *Jeanne-d'Arc* arriva sur la rade de Changhaï en compagnie du *Colbert* : elle prit son mouillage en face du dock où, quelques jours plus tard, elle devait commencer la réparation de ses avaries. Tout son matériel, canons, boulets, voiles, biscuit, etc., avait été déposé dans les vastes magasins de M. Beale, consul de Portugal, qui voulut bien en outre mettre à la disposition de l'équipage d'immenses locaux situés sur le quartier français, et parfaitement appropriés pour loger les quatre cents hommes de la frégate.

A son arrivée à Changhaï, l'amiral Laguerre reçut une supplique des principaux notables habitants de la cité, demandant à ce qu'il les délivrât du joug sous lequel ils gémissaient depuis près d'un an ; cette question délicate de l'évacuation de la ville par le moyen des armes françaises s'imposait en quelque sorte nécessairement et inévitablement à l'amiral Laguerre : la position exceptionnelle dans laquelle se trouvait la concession française, les nombreux griefs que le représentant de la France avait contre les insurgés, tout enfin l'y amenait fatalement. Malheureusement, l'accident de la *Jeanne-d'Arc*, l'immobilité à laquelle elle se trouvait condamnée pendant un certain temps, paralysaient pour un moment du moins le système d'action auquel l'amiral s'était arrêté.

Le mois de septembre se passa donc sans événement important ni fait digne d'être signalé : les ridicules escarmouches entre les assiégés et les impériaux continuaient de tenir en haleine la curiosité et les émotions des résidents de Changhaï. Ces combats chevaleresques qui auraient mérité d'être chantés par Homère, semblaient promettre un nouveau siège de Troie. La *Gazette de Peking* publiait gravement les rapports et les bulletins de victoire de *Ki-eul-hang-a* : celui-ci annonçait à chaque instant de nouvelles défaites des rebelles, demandait de nombreuses récompenses pour les officiers qui s'étaient distingués dans des batailles imaginaires, ou des honneurs funèbres pour ceux qui avaient péri au champ d'honneur.

La fin d'octobre fut signalée par la construction d'un mur de défense entre la cité et la concession française pour mettre cette dernière à l'abri des incursions des rebelles. Ce mur devait être solidement construit : il devait partir du *Houang-pou*, se diriger de l'est à l'ouest parallèlement au *Yang-king-pang*, faire un coude vers le nord près de la maison mortuaire ou club (*ouékoué*) des Fokiennois, puis de là se diriger vers l'ouest pour rejoindre la rive sud du *Yang-king-pang*. Les moyens de communication avec la cité étaient ainsi coupés, et ne pouvaient plus avoir lieu que par une porte gardée, située à l'extrémité de la rivière : les vivres ne pouvaient plus de la sorte parvenir aux assiégés en passant, comme ils l'avaient fait jusqu'à ce jour, sur le sol des concessions. La construction de ce mur fut beaucoup critiquée par un grand nombre de résidents : « De quel droit, disaient ceux-ci, les Français empêchent-ils les vivres d'entrer dans la ville? ils épousent donc la cause des impériaux? » On voit bien là quelle était la tendance d'esprit de la plupart des étrangers : ils voulaient faire cause commune avec les rebelles contre les impériaux et soutenir ceux-là contre ceux-ci. La question était évidemment difficile à trancher : mais les Français n'avaient-ils pas le droit de protéger leur propre concession qu'un an auparavant les étrangers n'avaient pas voulu comprendre, malgré les protestations de M. Edan, dans leur système de défense?

Les insurgés, naturellement, protestèrent contre la construction de ce mur ; ils voyaient bien que c'était là le commencement d'une politique d'action dirigée contre eux et afin de l'entraver, ils prétendirent que les Français, pour élever ce rempart, violaient les sépultures, alors en grand nombre sur cette partie de la concession, et jetaient au vent les ossements qu'ils renfermaient. Si grand est chez les Chinois le respect des morts, que ces plaintes trouvèrent un écho chez quelques-uns des Chinois habitants de la concession. De légères rumeurs commencèrent à s'élever : pour y mettre un terme, M. Edan engagea trois délégués des communautés Fokienoises à venir visiter les travaux afin qu'ils pussent s'assurer par leurs propres yeux du soin qu'on avait mis à ne pas toucher aux tombeaux de leur famille. Mais les administrateurs du club Fokienois déclarèrent, par l'entremise du riche banquier *Ta-ki*, ami des Européens, qu'ils étaient satisfaits de l'assurance donnée par le consul de France, que tout examen ultérieur leur semblerait un manque de confiance et qu'ils témoignaient à l'amiral et aux agents français toute leur reconnaissance pour la sollicitude dont ils avaient fait preuve à l'égard des sépultures. L'incident soulevé par les insurgés n'eut donc pas de suite.

Les assiégés tentèrent alors de s'opposer par la force à la construction du mur et ils essayèrent d'empêcher les ouvriers chinois chargés de ce travail de le continuer : mais ce fut en vain, car les marins français firent bonne garde et repoussèrent toute attaque de ce genre. Ils arrachèrent ainsi, le 4 novembre, quatre malheureux maçons des mains d'une troupe de forcenés, dont le chef fut tué par un soldat français quand il portait pour la deuxième fois le pistolet au front de ce dernier.

Le 8 novembre, M. Edan adressait une sage proclamation à la population honnête de Changhaï : il annonçait « que le quartier du *Yang-king-pang* allait être purgé de la mauvaise population qui l'infestait, et que le mur n'était construit que pour empêcher les rebelles de continuer à y avoir leur marché et à s'y procurer toutes sortes de ressources pour la guerre à l'abri du pavillon de la France. »

Dans les derniers jours du même mois, le généralissime *Ki* faisait part de l'amnistie qu'il accordait aux insurgés de Changhaï qui feraient leur soumission, mais désignait les chefs *Léou*, *Tsen A-lin*, *Fan* et *Sié*, comme étant exceptés du pardon général et n'ayant à attendre de lui que l'application de la loi dans toute sa rigueur. Bien plus, il demanda qu'on les lui livrât dans le cas où ils viendraient chercher un refuge à bord des bâtiments de guerre ou de commerce. M. Edan était en face de ce problème : si d'un côté, il n'était pas possible de condescendre à une pareille exigence de *Ki*, de l'autre, la loyauté qui avait toujours présidé aux rapports officiels entre M. Edan et le gouvernement impérial qu'il représentait ici, défendait d'accorder la protection du pavillon aux quatre individus désignés par lui comme exclus de tout pardon. Le consul de France se décida à lui promettre que ces rebelles ne seraient pas reçus et ne trouveraient asile à bord d'aucun des bâtiments français présents dans le port, non plus que dans les maisons de nos nationaux.

V

Dans les premiers jours du mois de décembre la situation prit un caractère plus décidé, et un développement qui, pour être parfaitement rationnel, n'en était pas moins fort grave et semblait annoncer pour issue probable la reddition prochaine de la ville sinon sous les coups, au moins sous la pression des armes françaises.

En effet, les insurgés ayant élevé un retranchement et une batterie à cent mètres de notre enceinte, près du club Fokienois, voisinage fort dangereux pour les concessions en général et pour la concession française en particulier, l'amiral Laguerre annonça qu'il allait empêcher l'achèvement de cette fortification [1]. Le 7 décembre, l'amiral notifia aux assiégés, par l'entremise de M. Edan, qu'il emploierait la force, s'il était nécessaire, pour protéger le quartier français et mettre les habitants et la population en dehors du conflit, et il annonça qu'il allait faire détruire cette batterie qui exposait le consulat aux projectiles des belligérants. L'effet suivit de près la menace. Les rebelles n'ayant pas répondu à cette notification, un détachement français se présenta, le 9 décembre, sur le terrain, avec une centaine d'ouvriers indi-

---

[1] La lettre par laquelle l'amiral Laguerre prie le consul de notifier aux rebelles son intention de faire détruire le retranchement a été publiée *in extenso* dans le n° du 16 décembre 1854 du *N. C. Herald*. Nous la reproduisons ici :

Changhaï, le 6 décembre 1854.

« Monsieur le consul,

« Les rebelles de Changhaï, par leurs sorties journalières, obligent nos marins et nos soldats à une surveillance de tous les instants dont on n'aperçoit pas le terme.

« En conséquence, monsieur le consul, je vous prierai de vouloir bien faire savoir aux chefs de la ville :

« 1° Qu'il est reconnu en principe général par les étrangers, que les belligérans ne doivent pas passer, en armes, sur aucune des concessions, et, à plus forte raison, y stationner pour combattre et y construire des retranchemens qui peuvent, dans une attaque, exposer aux boulets et aux balles des deux partis, les étrangers et leurs demeures ;

« 2° Que l'amiral, voulant éloigner ce danger, a donné des ordres pour que le retranchement, que les rebelles construisent sur le terrain qu'il protège au sud du Yang-king-pang, soit détruit, et que les sorties qui se font par les portes du Nord et de l'Est ne s'opèrent plus, désormais, de ce côté ;

« 3° Enfin que le lieu du combat soit choisi plus vers la porte de l'Ouest, afin que les projectiles des combattans ne puissent atteindre les habitations et la population des concessions étrangères ;

« 4° Que l'amiral est résolu à employer la force pour obtenir ce résultat.

« Si, sans prendre aucun engagement avec les rebelles, monsieur le consul croit utile d'ajouter à ce qui précède, quelques conseils relatifs à une soumission prompte pour sortir de la fâcheuse position où ils se trouvent réduits, je le laisse entièrement le maître de les formuler en son nom.

« Le C. Amiral commandant en chef
« (signé) M. Laguerre. »

Voir également à ce sujet, dans le n° du 23 décembre, deux lettres importantes de l'amiral Laguerre et de M. Edan, en date du 13 et du 14, que leur longueur nous empêche de reproduire ici.

gènes, pour en opérer le nivellement. Il fut accueilli par des cris féroces que suivit une attaque furieuse à coups de canons et de fusils. Le petit détachement protégea la retraite de ses ouvriers en faisant un usage meurtrier de ses carabines et de l'obusier de montagne dont il était flanqué. On n'eut à déplorer que la perte d'un matelot du *Colbert* qui fut blessé grièvement devant la porte du Nord et succomba quelques jours plus tard des suites de sa blessure.

Le sang français ne coula pas ainsi la première fois sans vengeance. L'amiral fit tirer à obus sur la ville et l'un des premiers résultats de ce bombardement fut l'écroulement au milieu des flammes, de la Pagode rouge qui dominait le consulat de France et le tenait continuellement en alerte par ses fréquents projectiles. Le *Colbert* tira cent quarante boulets sur les remparts tandis que des soldats de marine, embusqués sur les gradins des contreforts de notre mur, faisaient assaut d'adresse en frappant de leurs balles les insurgés qui hasardaient la tête aux embrasures de leurs créneaux.

Après cette attaque eut lieu une correspondance active entre le consul de France et le généralissime impérial: le premier rappelait à *Ki-eul-hang-â* qu'il avait promis d'être humain à l'égard des rebelles, et lui fit comprendre qu'en tendant au même but (la reddition de la ville), les Français entendaient conserver l'indépendance de leur action et opérer séparément. *Ki*, avec l'à-propos habituel aux Chinois, s'appliqua à démontrer qu'il y avait entre les Français et les impériaux communauté d'injure, de haine et de vengeance : il attendait, disait-il, que l'amiral voulût bien le prévenir du moment de l'attaque générale pour qu'il pût combiner ses mouvements avec les siens. Quant aux mesures réclamées par l'humanité, le généralissime répondit qu'il avait donné des ordres précis et sévères à cet égard: cela était loin d'être une garantie[1]. On sait en effet combien il y a loin de l'ordre à l'exécution, lorsque l'ordre réprime la licence et que ce sont

---

[1] Voir le *N. C. Herald*.

des soldats chinois (ou plutôt des bandits enrôlés sous la bannière impériale) qui sont chargés de l'exécuter.

Les insurgés, de leur côté, avaient protesté contre l'attaque des Français, mais M. Edan rétablit le fait d'attaque sans provocation de notre part qui avait été l'origine de la collision du samedi 9, et, d'accord avec l'amiral, ajouta la sommation d'évacuer la ville sous peine d'en être chassés par la force (11 décembre): le délai accordé aux chefs *Léou* et *Tsen-Alin* pour réfléchir ayant expiré sans réponse de leur part, ils furent avertis que l'amiral allait reprendre les hostilités contre eux (12 décembre).

Le lendemain 13 en effet, à cinq heures et demie du matin, les compagnies de débarquement du *Colbert* et de la frégate la *Jeanne-d'Arc*, s'étant réunies près du consulat de France, se mirent en marche le long du *Houang-pou*; grâce à l'obscurité qui régnait encore, elles ne furent pas inquiétées; elles parvinrent ainsi sans être aperçues jusqu'au pied même d'une solide batterie établie sur le bord de la rivière, à la hauteur de la porte de l'Est. Là, sur l'ordre de leurs chefs, elles s'élancèrent à la baïonnette et enlevèrent le retranchement après une lutte de quelques instants. Cette petite action se termina par la fuite rapide des insurgés : une soixantaine de ces derniers fut tuée ou mise hors de combat[1].

A la suite de cette affaire, l'amiral fit une déclaration publique et solennelle de l'état de guerre entre les Français et les insurgés : le consul de France la notifia à ses collègues d'Angleterre et d'Amérique. Mais la France allait agir seule contre la ville rebelle, et les soldats anglais, dont les frères d'armes versaient en ce temps même leur sang à côté des Français dans les plaines de

---

[1] Les marins enclouèrent les vingt-cinq canons de la batterie et s'emparèrent des nombreuses bannières bariolées qui étaient plantées sur le revêtement. Ils ne se retirèrent qu'à la vue d'une troupe de deux à trois mille rebelles qui sortaient de la ville, et revinrent lentement, portant leurs trophées, le long du Houang-pou: quand ils remontèrent à bord du *Colbert* ils furent reçus avec des hourras par leurs frères d'armes, spectateurs lointains de la prise de la batterie. La presse locale, racontant ce petit exploit, dit que les marins s'emparèrent du retranchement « in a masterly manner ».

la Crimée, devaient rester simples spectateurs de la lutte : blâmés par l'amiral sir James Sterling pour avoir joué un rôle actif dans la prise d'armes des 3 et 4 avril contre les impériaux, ils ne voulurent pas courir le même risque en répétant le même acte contre les rebelles[1].

Pendant les derniers jours de l'année 1854, aucune autre attaque sérieuse ne fut tentée par les troupes françaises contre la ville : seulement la *Jeanne-d'Arc* continua son feu sur les remparts et sur les points désignés comme servant de résidence aux principaux chefs rebelles. La maison où se trouvait le quartier général de *Tsen A-lin* fut presque détruite. L'action de la marine française commençait à jeter l'effroi parmi les insurgés, et le moral des habitants fut relevé par l'espoir d'une délivrance prochaine. Des renseignements certains venus de la ville représentaient les deux chefs partagés sur la question de la reddition. Plusieurs lettres de malheureux habitants retenus prisonniers dans la cité considéraient le bombardement comme un bienfait, et l'appelaient l'affranchissement par le feu, aimant mieux périr dans les flammes ou sous le fer, que de prolonger leur déplorable existence dans la misère et la captivité. On sentait bien que la situation ne devait pas rester longtemps encore dans le *statu quo*, et l'on s'attendait à une nouvelle et plus efficace attaque contre les assiégés. Le calme relatif dont on jouit pendant quelques jours était le signe précurseur et fatal de l'approche d'un orage.

Le samedi 6 janvier 1855, en effet, vers six heures du matin, la communauté étrangère était réveillée et mise en émoi par une forte canonnade qu'au bruit seul on ne reconnaissait provenir ni

---

[1] La correspondance officielle relative à ces deux journées et consistant en une dépêche de M. Alcock à Sir John Bowring et une autre de ce dernier au comte de Clarendon, avait été cependant présentée au Parlement anglais et le comte de Clarendon avait écrit à Sir John Bowring, à la date du 16 juin 1854, ces propres paroles : « Her Majesty's government entirely approve of M. Alcock's proceedings (le consul anglais avait été l'instigateur de l'attaque des camps impériaux), and they consider that he displayed great courage and judgment in circumstances of no ordinary difficulty. » (Lettre de Sir John Bowring à M. Alcock en date du 22 août 1854, *N.-C. Herald*).

de canons impériaux, ni de canons rebelles, mais de pièces européennes. Les Français attaquaient la ville.

A cinq heures et demie du matin, l'amiral Laguerre était descendu à terre avec les compagnies de débarquement de la *Jeanne-d'Arc* et du *Colbert*, dont l'effectif s'élevait à deux cent cinquante hommes. Il avait rallié rapidement ceux de ces marins qui occupaient divers postes pour la protection du consulat, de la maison de M. Remi et du mur d'enceinte. A six heures il donnait l'ordre d'ouvrir le feu sur la ville par deux canons de 30 mis en batterie au mur d'enceinte, presque vis-à-vis du consulat. Les canons des deux navires de guerre se mirent de la partie et tonnèrent avec rage. Leur point de mire était la partie du mur septentrional que surmontait autrefois une pagode détruite par le bombardement après l'affaire du 9 décembre.

A sept heures, le parapet en pieux situé devant la muraille était détruit; la muraille en briques en partie broyée et le terre-plein auquel elle était adossée commençait de s'ébouler. La brèche était praticable.

Jusqu'alors nos troupes, formant deux colonnes composées chacune de quatre pelotons, avaient attendu l'ordre de marcher en avant derrière l'abri que leur offrait le mur d'enceinte. A ce moment le clairon sonna la charge et les colonnes s'élancèrent à l'assaut sous la grêle de balles et de boulets que, du haut du rempart, les insurgés firent pleuvoir sur elles : la première était conduite par MM. Guys, Massot, Petit et Forestier; la seconde, par MM. Broutin, Gambard, Pausnier et Macaire.

A la tête d'une compagnie de travailleurs, le lieutenant Durun s'avança avec intrépidité pour faire jeter sur le fossé-canal qui entoure la cité et en longe les remparts, le pont destiné au passage des autres détachements : atteint d'une balle insurgée il tombait dans le temps même que le pont venait d'être jeté. Alors, conduits par le lieutenant Massot, les marins franchirent le fossé et escaladèrent les terres éboulées croulant sur leurs pas. Les insurgés qui voulurent défendre la brèche et s'opposer à l'entrée des assaillants furent mis hors de combat et couvrirent le sol de leurs cadavres. Le drapeau tricolore était immédiatement planté sur le rempart et dominait la fusillade.

Nos troupes avaient perdu relativement du monde en escaladant la brèche : les insurgés, en effet, avaient imaginé de placer un grand canon chargé de mitraille vis-à-vis de la trouée et d'y mettre le feu lorsque les premiers assaillants parurent sur le sommet de l'éboulement; c'est là que le lieutenant Petit fut tué ainsi que trois de ses hommes : plusieurs autres officiers et marins y furent blessés et mis hors de combat.

Maîtres d'une portion du rempart, nos marins repoussèrent par une mousqueterie bien nourrie une charge désespérée tentée contre eux par les rebelles; en même temps, sous un feu terrible vomi par les maisons voisines, ils jetèrent en bas les canons qui garnissaient le rempart à la hauteur du consulat. Mais en vain tentèrent-ils de déloger des maisons les ennemis invisibles qui faisaient pleuvoir leurs balles sur eux; en vain essayèrent-ils d'y jeter des matières incendiaires : cela ne servit de rien. Ces maisons avaient été intelligemment barricadées, solidement fortifiées de sac à terre; les murs avaient été percés de meurtrières que des feuilles de papier collées un peu au dessus célaient à tous les regards une fois le coup parti. Les murs intérieurs et les cloisons avaient été coupés pour pouvoir établir des communications entre les diverses maisons, ou afin d'être à même de se retirer à couvert en cas de besoin, ou dans le dessein de porter des secours sur tel ou tel point menacé. C'étaient autant de petites forteresses imprenables.

Pendant plus de quatre heures, officiers, marins et soldats firent des prodiges de valeur sous un feu incessant vomi sur eux par des ennemis invisibles, mais, malgré tous leurs efforts, ne purent poursuivre leurs premiers succès et expulser les rebelles de leurs positions retranchées.

Sur ces entrefaites, la seconde colonne, sous les ordres du lieutenant Macaire, s'était emparée de la porte du Nord, avait repoussé les insurgés à la baïonnette, avait retourné contre eux leurs propres canons et était parvenu à les déloger des maisons voisines en y mettant le feu. Voyant la porte du Nord ouverte et au pouvoir de nos marins, une troupe de plusieurs centaines d'impériaux, armés seulement de sabres et de lances, s'y engouffrèrent, tandis que d'autres escaladèrent le rempart resté sans défense. Cette soldatesque indisciplinée, loin de poursuivre les insurgés qui lâchent pied, se mit à massacrer des vieillards inoffensifs, des femmes et des enfants, à trancher la tête des cadavres des rebelles tués lors de l'attaque. En s'échappant par la porte du Nord au milieu de la chaleur de l'action et de la mêlée, un grand nombre de femmes et d'enfants purent échapper au glaive impérial et trouvèrent un asile à l'ombre du consulat de France.

De ce côté la seconde colonne était donc maîtresse du terrain : malheureusement elle était isolée et le signal qu'elle avait fait en plantant sur la muraille « l'arc-en-ciel de la France, » caché par les innombrables bannières que les impériaux brandillaient comme de coutume, ne fut pas aperçu de la première colonne. Réduite à ses seules forces, elle luttait encore avec succès, repoussant les ennemis à la baïonnette quand ils se présentaient, lorsque l'amiral, voyant ses efforts infructueux sur l'autre point, les munitions de ses troupes presque épuisées, et ne voulant pas augmenter les pertes déjà trop grandes qu'il avait faites, se décida, vers onze heures et demie, à faire sonner la retraite. Celle-ci s'effectua en bon ordre, comme à la manœuvre, sous le feu continu des rebelles qui réoccupèrent en hâte les positions enlevées quelques heures auparavant, et, tombant sur les impériaux surpris par ce retour offensif, les massacrèrent pour la plupart et les mutilèrent de la plus horrible façon. Cinq cents impériaux périrent dans cette boucherie. A la porte du Nord, notamment, le chef rebelle *Siaô Kioung-tseu*, voyant notre retraite, revint à la charge avec deux ou trois cents hommes poussant des clameurs féroces et des vociférations sans nom : frappés de terreur, les impériaux, qui se croyaient déjà maîtres de la ville, perdirent la tête et sans prendre le temps de se sauver par la porte restée ouverte, se précipitèrent par-dessus le mur. Comme il avait gelé dur dans la nuit, un grand nombre se tuèrent dans leur chute ou se cassèrent un bras ou une jambe; d'autres, en tombant, se blessèrent grièvement avec leurs propres sabres ou leurs propres lances. Le reste s'enfuit à la débandade vers les camps impériaux et les rebelles fermèrent de nouveau la porte du Nord[1].

La marine française perdit dans cette attaque le lieutenant Durun, de la *Jeanne-d'Arc*, l'enseigne Petit du *Colbert* et sept soldats de marine tués sur le coup. Trente-quatre autres avaient été blessés plus ou moins grièvement. L'enseigne Discry, de la *Jeanne-d'Arc*, atteint fort sérieusement, mourut quelques jours après : les autres officiers blessés étaient MM. Guys, Barbarin, Forestier, Massot, Macaire et le chirurgien Senel. Dans le premier moment le consulat de France servit d'ambulance pour les officiers et M. Remi transforma obligeamment en hôpital son nouveau magasin. Bien plus considérables furent les pertes des assiégés : l'un de leurs chefs, le Fokicnois *Tsen A-lin*, avoua plus tard qu'il avait perdu dans l'action plusieurs centaines d'hommes.

Pendant le combat, le consul anglais, M. Alcock, avait paru sur la brèche au milieu de nos marins : aussi fut-il accusé plus tard par la presse locale d'avoir voulu participer pour ainsi dire moralement à la conduite des Français. En réalité, il avait ainsi protesté contre l'inaction des forces anglaises qui laissaient les Français combattre seuls les rebelles alors qu'en Crimée, à la même heure, l'aigle et la croix de Saint-Georges marchaient côte à côte.

## VI

La résistance inattendue de la part des possesseurs de la ville et la défense stratégique et savante inconnue d'ordinaire aux Chinois contre lesquelles se heurtèrent les marins français, tout cela était dû à la présence parmi les insurgés d'une centaine de

---

[1] Rev. M. T. Yates, *The taïping rebellion*, a lecture delivered at the temperance Hall. Shanghaï.

déserteurs de bâtiments de guerre et de commerce allemands, américains, anglais, français et danois : c'étaient eux qui, à la solde du pouvoir insurrectionnel, avaient dicté aux défenseurs de la cité ces mesures intelligentes qui les sauvèrent, pour quelque temps du moins. A ces déserteurs, il faut ajouter un ramassis de Malais, de Manillois, d'Arabes, de Macaïstes sans feu ni lieu, loués par les insurgés à raison d'une haute paye.

Comme on le sut plus tard, ces individus avaient une organisation établie : les uns, corps à poste fixe, ne sortaient pas de la ville dont ils avaient fait leur repaire ; les autres, s'abritant tour à tour derrière les remparts de la cité et dans les limites des terrains où flottait le pavillon de leur pays, circulaient en toute liberté sur les concessions, soit pour enlever de malheureux Chinois qu'ils rançonnaient, soit pour recruter de nouvelles recrues parmi les matelots descendus à terre. Ils avaient sur les concessions de véritables maisons d'embauchage dont les agents les plus actifs furent reconnus, dans cette journée du 6 janvier, parmi les défenseurs de la ville. En réalité, ces vagabonds vendaient un jour leurs services aux impériaux et le lendemain aux rebelles quand ils ne recevaient pas leur infâme salaire des uns et des autres à la fois. Journellement, ils passaient des concessions dans la ville et réciproquement : ainsi le 30 décembre au soir, quelques heures après la canonnade du *Colbert*, deux Américains remontant la rivière dans un bateau chinois et se dirigeant du côté de la batterie des insurgés furent hélés par les factionnaires de la *Jeanne-d'Arc* et, vu leur obstination à vouloir passer outre et leurs déclarations suspectes, furent retenus provisoirement à bord et remis par M. Edan le lendemain au consul américain.

De plus il était entré dans la ville, pour la journée seulement, un certain contingent de recrues payées à raison de vingt-cinq piastres (plus de cent vingt francs) l'une. Par elles, les insurgés avaient su l'intention des Français d'attaquer ce jour-là, et connu l'endroit où devait être faite la brèche ; ils avaient donc eu tout le temps de se préparer à la résistance et de se fortifier encore davantage sur ce point. Si donc nos marins furent arrêtés dans leur marche, et obligés de se retirer, ce fut uniquement grâce à la présence parmi les assiégés de ces déserteurs qui combattirent contre leurs alliés, leurs compatriotes et même leurs frères d'armes et qui, disposant de moyens dont on ne soupçonnait point l'existence, dirigèrent une résistance intelligente et opiniâtre. Là où l'on croyait n'avoir à faire qu'à des Chinois, on eut à lutter contre des Européens bien armés et exercés. Sans cela, il est certain que sur le premier point, comme ils le furent sur le second, les rebelles étaient repoussés, battus, expulsés, et la ville tombait au pouvoir des marins français qui en eussent ouvert les portes à l'armée impériale. Tout le monde, officiers étrangers, consuls et résidents, s'accorda à dire que, sans le corps des déserteurs qui, de sa position retranchée où il restait invisible, réussit à occuper la plus grande partie des forces françaises, nos deux cents marins eussent été maîtres de la cité. Malheureusement la résistance qu'ils rencontrèrent au delà de la brèche empêcha le plan d'attaque de réussir sur les autres points [1].

Dans l'après-midi du 6 janvier le généralissime *Ki* et le tao-taï *Lan* vinrent présenter leurs compliments de condoléances au consul de France : le premier demanda qu'on lui donnât les noms et les grades des victimes dans le dessein d'en faire part à l'Empereur ; il offrit même des indemnités pour les parents des morts et des blessés. M. Edan, en les remerciant, leur répondit qu'il ne pouvait rien accepter, que c'était à l'Empereur des Français lui-même de faire ce qu'il voudrait pour ses sujets blessés et que la France ne saurait oublier ceux de ses enfants qui avaient versé leur sang sur le sol chinois. Cette offre généreuse ne pouvait pas en effet être admise. Les Français n'avaient pas agi comme les mercenaires des Chinois, et ce n'était pas pour une somme d'argent que plusieurs d'entre eux avaient versé leur sang sur un champ de bataille.

---

[1] Chose triste à dire, les marins qui prirent part à cette action racontèrent ensuite qu'ils avaient reconnu de leurs frères d'armes, déserteurs, parmi les rebelles. Ce ne fut pas une balle insurgée qui atteignit le lieutenant Durum : un déserteur d'un navire étranger avoua plus tard avoir donné la mort à cet officier.

Le lendemain de l'action (dimanche 7 janvier) une messe funèbre fut célébrée à la petite chapelle du consulat en l'honneur des victimes. Les nombreux résidents qui y assistèrent furent émus par une courte exhortation de l'aumônier de la *Jeanne-d'Arc* et par quelques paroles simples et nobles prononcées par l'amiral. Dans la journée MM. Alcock et Wade, ainsi que les commandants des navires anglais, les capitaines O'Callaghan et Pope vinrent au consulat pour témoigner toute la peine qu'ils prenaient à notre deuil. La communauté étrangère elle-même fut émue de cet événement, et sembla atterrée par ce mauvais succès qui lui fit enfin comprendre l'étendue du danger que sa funeste apathie ou plutôt une coupable connivence avait fait naître et grandir à ses côtés.

La France que les officiers, marins et soldats de la *Jeanne-d'Arc* et du *Colbert*, venaient ainsi d'honorer par leur courage, et la colonie française qu'ils n'avaient cessé de protéger, devaient aux victimes du 6 janvier un témoignage durable d'admiration et de reconnaissance : aussi M. Edan prit-il l'initiative d'une souscription française dont les fonds devaient être destinés à élever un monument funèbre à leur mémoire. Tous, officiers et soldats aussi bien que résidents, s'associèrent à ce devoir de piété nationale et, en peu de jours, la souscription atteignit un chiffre assez considérable. Le mausolée devait être construit près du consulat et l'on avait l'intention, dès qu'il serait fini et que l'ordre serait rétabli à Changhaï, d'y transporter les restes des victimes pour qu'elles reposassent à l'ombre du pavillon national dont elles avaient défendu les droits et la dignité. En attendant ce jour, les cercueils furent déposés à la cathédrale de *Tong-ka-dou*.

## VII

Cette attaque du 6 janvier, bien qu'elle n'eût pas eu tout le succès qu'on en attendait, ne semblait pas cependant devoir rester sans fruit, et les insurgés, fatigués par un long siège, minés par la faim et les dissensions et comme effrayés par le châtiment qui les attendaient aussi bien de la part des Français que de celle des impériaux, parurent disposés à quitter la partie et parlèrent à plusieurs reprises de se soumettre. Instruit des mauvais conseils qu'ils recevaient de divers côtés, et pour hâter leur soumission, l'amiral Laguerre les menaça des extrémités de la guerre, en les rendant responsables des malheurs du peuple qu'ils entraînaient dans une ruine commune avec eux. Les conflits sanglants qui avaient lieu journellement dans la ville entre le parti de la reddition et celui du Fokienois *Tsen A-lin* donnèrent à ces démarches une grande chance de succès ; et il est probable que les mesures de l'amiral eussent complètement réussi sans le système d'embauchage que *Tsen A-lin* se mit alors à pratiquer en grand dans les équipages des navires américains, et au moyen duquel il put intimider ses adversaires dans la cité.

On sentait cependant que l'on était au dernier acte du drame et que le dénouement était proche : les derniers efforts des assiégés étaient comme les derniers éclats d'un feu qui va s'éteindre.

La ville était en effet dans une situation des plus critiques : les communications entre les gens du dehors et les assiégés étaient devenues de plus en plus difficiles. Tout le faubourg de la porte du Nord avait été ou démoli ou incendié et ne pouvait plus cacher ceux qui, s'abritant derrière les maisons, se glissaient dans la ville et y apportaient des vivres et des munitions, et les marins français, dispersés en tirailleurs le long du mur d'enceinte de la concession, faisaient tomber sous leurs balles ceux qui s'avançaient sur cet espace découvert. La famine régnait parmi la population : on en était réduit à se nourrir de chats, de rats et de chiens. Ces animaux allaient eux-mêmes manquer bientôt. Les femmes venaient chaque jour se réunir en foule autour des quartiers généraux des principaux chefs et demandaient du riz par des cris plaintifs. Le plus grand nombre des habitants n'avait plus assez de force pour sortir de la ville malgré les insurgés ; beaucoup en avaient pris philosophiquement leur parti et disaient : « Le ciel nous envoie ce châtiment, nous ne pouvons l'éviter. »

Avertis de ce qui se passait, les impériaux pressaient de plus les assiégés et précipitaient leurs attaques : la dernière, qui faillit leur livrer la ville, eut lieu le 16 février. Ce jour-là, à cinq heures du matin, l'explosion d'une mine fit sauter toute une portion des remparts à l'angle sud-est de la cité : au milieu d'une fusillade et d'une canonnade très vives un corps de huit cents impériaux environ tenta l'assaut. Ce mouvement fut appuyé par plusieurs boulets français partis des pièces en batterie le long du mur d'enceinte. Maîtres de la brèche et du rempart, les impériaux s'emparèrent d'un groupe de maisons et balayèrent quelques rues voisines ; les assiégés, affamés et se croyant perdus, commençaient à lâcher pied, quand tout à coup *Tsen A-lin* accourut avec un corps considérable de Fokienois et une trentaine de déserteurs : ce secours arrêta les impériaux dans leur marche. Ceux-ci cependant tinrent bon quelque temps ; ils espéraient que les troupes des camps de l'ouest et du nord allaient accourir et leur permettre de lutter avec avantage ; il n'en fut rien. On ne sait pour quelle cause, soit jalousie soit impéritie, ils ne bougèrent pas. Réduits à leurs seules forces, les troupes du camp de l'est furent obligées de rétrograder, protégées dans leur retraite par les canons français, et sortirent par la brèche qu'elles avaient faite, non sans avoir fait un grand carnage des assiégés.

Cette attaque montra à ces derniers que la position n'était plus tenable et que la partie était perdue. A la faveur de la nuit, un grand nombre d'insurgés quittèrent la ville : des familles entières, pour échapper au massacre que les impériaux n'allaient pas manquer de faire une fois maîtres de la ville, s'enfuirent sur les concessions étrangères. La même nuit, une bande d'Anglais et d'Américains put descendre le *Houang-pou* et se réfugia, partie dans l'archipel de *Chusan* ou les îles *Rugged*, où ils se livrèrent dès lors à la piraterie la plus active, partie dans le port de *Ning-pô* où ils eurent l'audace de se loger dans le quartier qui servait de résidence aux étrangers. Les insurgés qui étaient restés dans la ville sentaient si bien que la fin était proche qu'il fut question parmi eux, dans la journée du 17 février, de la reddition sans condition à l'amiral Laguerre.

Le samedi 17, qui était le jour de l'an chinois, les résidents des concessions purent voir, entre dix et onze heures du soir, des flammes nombreuses secouées par le vent s'élever à l'est au-dessus de la cité et croître avec rapidité en s'étendant sur la majeure partie de la ville : tout l'horizon en était largement éclairé. On crut qu'un grand incendie causé par une attaque nocturne des impériaux dévorait la ville, d'autant qu'on entendait une vive fusillade crépiter dans la direction des remparts du sud.

Mais le lendemain matin (dimanche 18) le bruit se répandit tout à coup avec rapidité parmi la concession étrangère que la cité était au pouvoir des impériaux, et que les insurgés avaient ou pris la fuite ou trouvé la mort dans le massacre qui avait suivi l'entrée victorieuse des soldats de l'ordre. La nouvelle était vraie : les étendards impériaux flottaient sur les remparts. Dans la matinée, M. Edan, à la tête d'un détachement de marins drapeau déployé, entrait dans la ville, dans le dessein de réprimer le désordre et d'arracher si possible cette malheureuse cité au fléau dévastateur, par la même brèche que les canons français avaient faite le 6 janvier.

Voici ce qui s'était passé : vers dix heures du soir, les chefs rebelles avaient été tirés de leurs orgies et de leurs saturnales par la nouvelle inattendue que les impériaux étaient dans la ville et que plusieurs quartiers étaient déjà en feu. En effet, un corps de gens de *Song-kiang* avait surpris la garde de la porte du Sud avant qu'elle eût le temps de donner l'alarme, passé au fil de l'épée les défenseurs des remparts alourdis par le vin et le sommeil, et mit le feu aux maisons voisines. En même temps de nouvelles troupes arrivaient des camps impériaux et s'élançaient dans les rues adjacentes. Quelques troupes d'insurgés tentèrent d'abord de résister, mais se voyant en trop petit nombre et près d'être cernées par les assaillants elles prirent le parti d'augmenter encore l'incendie afin d'arrêter un instant la marche des impériaux. Cela leur fut facile; depuis plusieurs jours, en effet, en prévision de leur fuite, les insurgés, ne voulant laisser derrière eux, comme tentèrent de le faire plus tard les Communards de

Paris, que des monceaux de ruines, avaient amoncelé dans les maisons de la poudre et des matières inflammables de toutes sortes. Surpris à l'improviste, ne pouvant se rallier dans les ténèbres pour opposer une défense énergique aux assaillants et pour leur faire une guerre de rues, ils alimentèrent rapidement l'incendie, puis, dans le pêle-mêle le plus indescriptible, se précipitèrent vers la porte de l'Ouest et parvinrent, grâce aux ténèbres épaisses de la nuit, à traverser les lignes impériales : parmi eux étaient *Léou* et *Tsen A-lin* qui voyant tout perdu s'étaient entourés d'une bande de cent cinquante Fokienois et Cantonais dont la fidélité ne semblait pas douteuse. Mais, prévenues peu de temps après leur passage, les troupes des camps impériaux de l'ouest et du champ de courses se mirent à leur poursuite et les atteignirent d'abord à *Si-ka-oué*, à six kilomètres de Changhaï, puis à *Hong-giô* : ce fut dans cette dernière affaire que fut tué *Léou* ainsi que plus de cinq cents rebelles. Quand sa tête fut apportée au camp du pont de *Sou-tchéou*, que le généralissime *Ki* avait choisi pour quartier général, vu son éloignement de la cité, elle fut reconnue par un rebelle à qui la vie sauve fut promise. Quant à *Tsen A-lin*, il parvint à échapper aux impériaux et trouva son salut dans la fuite.

Changhaï fut livrée à toutes les horreurs d'une ville prise d'assaut : les vainqueurs, rendus plus féroces encore par les dix-huit mois de siège, commirent les cruautés les plus inouïes. Tous les insurgés qui furent pris les armes à la main furent immédiatement passés par les armes. Les impériaux fouillèrent toutes les maisons, les temples et les yamens restés debout, se livrèrent à un pillage effréné bien qu'ordre eût été donné de trancher la tête à quiconque volerait quelque chose. Des récompenses de dix à vingt piastres (cinquante à cent francs) avec un bouton blanc furent données à ceux qui indiquèrent les cachettes des rebelles ou coopérèrent à leur arrestation. *Sié Ann-pang*, qui avait dirigé la défense de la cité, et *Li Sienn-yun*, chef bien connu de la tourbe fokienoise à Changhaï, furent tous deux saisis et mis en pièces. Aux yeux des vainqueurs, la décollation n'était pas un châtiment suffisant pour de tels criminels : il fallait qu'ils fussent coupés en petits morceaux. Des tortures cruelles furent infligées à des femmes que l'on disait être épouses de rebelles et qui peut-être étaient innocentes de tout crime. Il n'y avait nul quartier, nulle clémence pour les rebelles : le sabre impérial ne s'arrêtait pas dans sa lugubre tâche, et à chaque moment faisait tomber les têtes de quelques nouveaux rebelles découverts.

On s'imagine facilement la grande sensation causée par la prise de la ville parmi les résidents européens, et le soupir de soulagement qui s'échappa de toutes les poitrines lorsque l'on vit les étendards impériaux flottant sur les murs. Dans la journée de dimanche un grand nombre d'entre eux voulurent satisfaire leur curiosité et allèrent visiter le lieu du carnage : ils furent reçus avec courtoisie par les mandarins qui les laissèrent parcourir la ville à leur gré. C'était une scène de désolation et de dévastation qu'on ne peut se rappeler sans horreur : des cadavres mutilés gisaient abandonnés dans les rues, quelques-uns à demi consumés par l'incendie. A chaque pas on marchait dans une mare de sang ou sur des membres épars. Celui qui a parcouru les rues de Paris après l'entrée de l'armée de Versailles peut aisément se figurer un pareil spectacle.

La ville elle-même n'était plus qu'un amas de ruines fumantes : bien peu de maisons étaient restées intactes. Grâce aux aliments que les insurgés lui avaient préparés dans les derniers jours de leur règne, le feu s'était propagé avec rapidité et avait tout ravagé, en peu d'heures, depuis la porte de l'Est, où il avait pris naissance, jusqu'à l'église protestante située presqu'au centre de la cité. Là, il s'était arrêté un instant, comme essoufflé de la course échevelée qu'il venait de faire, avait épargné cette église, puis s'était élancé avec une nouvelle rage vers le nord, où il avait enfin fini par diminuer d'intensité, puis par s'éteindre faute d'aliments. Le *Ouen-miaó* ou Temple de Confucius, où *Léou* avait établi son quartier général, était presque totalement détruit, et ses murs « de vermillon » gisaient à terre en débris. Le *Tch'eng-houang-miaó* ou Temple du dieu tutélaire de la cité, ainsi que les fameux jardins à thé avaient été la proie des flammes.

Les curieux se portaient surtout vers la brèche faite par les canons français dans la journée du 6 janvier. La brèche n'avait pu être réparée, les tirailleurs du mur d'enceinte frappant de leurs balles quiconque s'en approchait; mais, en prévision d'un nouvel assaut, les assiégés avaient disposé derrière un grand nombre de trappes et de pièges garnis de pointes en dedans afin de retenir la jambe des malheureux qui, par hasard, eussent mis le pied sur ces engins. Les murs des maisons avaient été consolidés par des étais et diverses palissades fermaient les petites rues avoisinantes, on voyait encore les ingénieuses meurtrières, garnies de feuilles de papier au moyen desquelles les assiégés avaient fait tant de mal aux marins français. Le fossé assez profond qui existait à l'intérieur des murailles, à la hauteur de la porte du Nord, avait été dissimulé avec soin sous des nattes de bambou recouvertes de terre qui devaient s'effondrer sous les pas des assaillants.

A la porte sud-est, les insurgés avaient élevé des palissades et des murs intérieurs qui en faisaient une forte position : la mine des impériaux y avait détruit les remparts sur un espace de cent cinquante pas environ. Toute cette partie de la ville était battue par une forte batterie impériale, située entre la cathédrale de *Tong-ka-dou* et la ville. En somme les murs semblaient avoir peu souffert du bombardement, sauf au sud et au nord. Mais tout autour les faubourgs avaient été détruits et les trois quarts de la cité avait été la proie des flammes.

Dans la journée du dimanche, les troupes impériales commencèrent à enlever des camps les canons et les munitions et à les transporter dans la ville : des postes furent établis aux différentes portes et sur les murailles. Divers corps prirent leurs quartiers dans l'enceinte même des murs. En même temps que l'ordre, la confiance renaissait ; les habitants qui avaient trouvé asile pendant le siège sur les concessions se hâtaient de rentrer pour tâcher de retrouver les débris de leurs maisons et de leurs fortunes. Dès les premiers jours, ceux qui étaient restés dans la ville comme ceux qui venaient d'y rentrer se mirent à l'œuvre avec courage et déblayèrent les rues encombrées, et les lieux où s'élevaient jadis leurs maisons pour les reconstruire à nouveau.

Le lundi 19 février le magistrat de Changhaï (*tche-chien*) commença des distributions gratuites de riz aux malheureux habitants affamés : quelques résidents, émus par la situation précaire dans laquelle ils se trouvaient, avaient déjà pris les devants. Ces efforts combinés permirent de venir en aide à des milliers de gens ; ils racontèrent que deux cents personnes étaient mortes de faim pendant le siège. De nombreuses souscriptions furent envoyées par des mandarins et de riches marchands pour faire diminuer le prix des denrées au *Fou-yuan-t'ang*, la principale institution charitable de la ville, qui en vendait déjà à perte aux pauvres.

### VIII

Le mercredi 28 février, le généralissime *Ki*, tout enflé du succès qu'il venait de remporter, donna un grand déjeuner aux fonctionnaires étrangers et aux officiers des navires français et américains en l'honneur de la reprise de la ville. Mais la cérémonie la plus solennelle, la plus touchante et la plus émouvante fut celle qui eut lieu le jeudi 15 mars 1855. Ce jour-là eut lieu le transport des corps des victimes du 6 janvier au mausolée construit près du consulat en leur honneur. En attendant l'achèvement de ce caveau, les cercueils étaient restés déposés à la cathédrale de *Tong-ka-dou*.

Les plus hauts mandarins tinrent à assister à la grand'messe qui fut dite à la cathédrale, à huit heures et demie du matin, en présence du consul de France, de l'amiral, de tous les officiers des navires de guerre français, des résidents français et de quelques étrangers. Après la messe, les corps furent transportés par terre, en longeant le *Houang-pou*, à leur dernière demeure, au milieu de l'appareil imposant d'un cortège militaire et des pompes de la religion : ils traversèrent une foule immense accourue sur leur passage et dont la majeure partie étaient des habitants de la cité reconquise. Tous, naturellement sensibles au culte des morts, s'associèrent par les marques visibles du plus respectueux recueillement à celui des restes de ces Français héroïques qui s'étaient généreusement dévoués pour leur délivrance. A onze heures un quart le cortège entra dans l'enceinte du mausolée. Après l'office des morts, et un salut tiré par la frégate et le *Colbert*, l'aumônier de la *Jeanne-d'Arc* fit l'éloge des marins et vanta le courage qu'ils avaient déployé dans la journée du 6 janvier contre un ennemi bien supérieur en nombre : l'amiral et le consul prononcèrent quelques paroles nobles et énergiques qui émurent les assistants, puis tous défilèrent devant le tombeau, chaque homme saluant en déchargeant son fusil.

Quatre jours après cette cérémonie, le 19 mars, il y eut une autre manifestation solennelle : quatre immenses étendards portant le sceau officiel du *Fou-taï* avec diverses inscriptions élogieuses en témoignage d'estime et comme gage de ses sympathies et de sa gratitude pour la loyauté et la bravoure françaises furent remis au consulat, à la *Jeanne-d'Arc*, au *Colbert* et au corps d'infanterie de marine. Puis une députation composée de dix personnes notables qui formaient le conseil des administrateurs de la cité, se rendit à bord de la frégate pour saluer l'amiral et le remercier, et de là au consulat pour exprimer à M. Edan la reconnaissance dont le peuple et ses représentants étaient pénétrés à l'égard des Français, ajoutant que ceux-ci n'ayant agi qu'en vue du peuple et pour son bien, ils avaient voulu, en faisant leur démarche séparément de celle des mandarins, conserver à l'hommage qu'ils voulaient rendre ainsi à leurs libérateurs, un caractère tout populaire et civil.

Là ne s'arrêtèrent pas les marques de sympathie qui furent données à cette occasion à la France : celle-ci occupait alors une place particulière dans l'esprit du peuple, dans les respects des mandarins, et dans l'estime du souverain même du Céleste-Empire.

On en vit la preuve le 9 avril 1855 lorsque le sous-préfet maritime (*Haï-fang-t'ing*) de Changhaï, *Vou*, grand admirateur de la France, vint trouver le consul et l'amiral et leur remit à chacun une dépêche identique du généralissime *Ki* dans laquelle ce dernier annonçait que l'empereur *Hien-foung*, instruit de la noble conduite des Français, l'avait chargé d'offrir des présents consistant en huit pièces de soie et en une somme de dix mille taels : par le premier don, dit Vou, l'Empereur voulait témoigner son estime aux autorités françaises et par le deuxième, procurer des secours aux matelots et soldats qui avaient reçu des blessures en combattant les rebelles[1]. Les pièces de soie furent acceptées, mais M. Edan ne pouvant recevoir les dix milles taels sans les ordres de son chef direct, le ministre de France en Chine, les fit déposer, en attendant, entre les mains du banquier *Tà-ki*. M. de Bourboulon enjoignit à M. Edan de refuser le don de dix mille taëls, un semblable don étant contraire aux usages, et adressa en même temps à *Ki* une lettre de remerciements pour ce présent impérial.

Le monument élevé à la mémoire des officiers et marins tués le 6 janvier resta près du consulat de France jusqu'à ces dernières années ; mais, comme de nouvelles constructions le cêlaient alors à tous les regards, on se décida à le transporter au centre de la partie française du cimetière municipal de Changhaï[2]. C'est là

---

[1] Il est à présumer que toutes les paroles élogieuses ornées de fleurs de rhétorique chinoise, qui furent à cette occasion adressées par les hauts mandarins impériaux, sortirent de leurs cerveaux féconds et que les présents offerts soi-disant au nom de Hien-foung furent tout simplement donnés par le fou-taï Ki, trop heureux d'avoir pu recouvrer à ce prix la bonne ville de Changhaï. Hien-foung ne sut sans doute jamais la part que les Français eurent dans la reprise de la ville, car le généralissime Ki, en bon mandarin chinois qu'il était, se garda bien de vanter les efforts de notre marine. Dans le *Rapport relatant les victoires successives remportées sur les rebelles, leur extermination et la reprise de Changhaï*, qu'il envoya à la capitale, après la fuite des rebelles, par un courrier spécial faisant plus de 600 lis par jour, il n'écrivit que cette phrase : « L'amiral français Laguerre fut le premier qui nous aida à rétablir l'obéissance au gouvernement » et voilà tout. Cette même dépêche fut insérée dans le numéro du 3 mars 1855 de la *Gazette de Peking*, mais les rédacteurs du « journal officiel » du Céleste Empire eurent bien soin de faire disparaître cette phrase. On lira peut-être un jour dans les annales chinoises que les Français, loin d'avoir aidé les Impériaux au prix de leur sang à reprendre Changhaï, étaient eux-mêmes avec les insurgés et que le grand capitaine Ki eut non seulement la gloire de réprimer l'insurrection de Changhaï, mais encore celle d'infliger une défaite colossale aux troupes françaises !

[2] Ce Mausolée n'est pas seul à rappeler le souvenir des exploits de nos marins sous les murs de Changhaï ; on a donné les noms de l'amiral et des officiers qui périrent aux principales rues de la concession française : il y a

LES FRANÇAIS A CHANGHAI EN 1853-1855.

qu'il se trouve encore; il est en granit gris, presque sans ornement, et porte l'inscription suivante :

AD MEMORIAM GALLORUM
QUI VINDICANDO JUSTITIÆ ET HUMANITATIS JURA
CONTRA PIRATAS CIVITATE CHANGHAI PETITOS
PRO PATRIÆ DECORE VI$^A$ DIE JANUARI MDCCCLV CECIDERE
HOC MONUMENTUM COMMILITONES CONCIVES ET AMICI
EREXERUNT.

COLBERT          JEANNE-D'ARC
1855                  1855

Malheureusement, ce mausolée est aujourd'hui caché aux regards des Chinois, et les habitants de Changhaï aussi bien que leurs mandarins, oublieux par calcul ou ignorants de l'histoire contemporaine, semblent ne plus se souvenir du secours efficace que la France leur a donné jadis, ni de ces braves Français qui périrent en combattant, avec les troupes de l'ordre, la Commune de Changhaï en 1855. Nous avons voulu dans le court récit qui précède, montrer le rôle que notre pays a joué en Chine à cette époque et l'influence qu'il y avait alors, et transmettre à la postérité le souvenir de nos officiers et marins tombés sous les murs de Changhaï. Puissions-nous y avoir réussi !

maintenant sur ce coin de terre concédé à la France, les rues Laguerre, Petit, Durun et Discry.
Là où les canons français firent une brèche dans la matinée du 6 janvier 1855, les Chinois créèrent une nouvelle porte qui fut appelée *sinn pô-meun*, la nouvelle porte du Nord. Le quai qui longe le canal-fossé de la ville prit le nom de *Quai de la Brèche*. Plus tard on donna à cette petite porte du nord le nom de porte Montauban, en l'honneur du général commandant les troupes françaises du corps expéditionnaire de 1860.

ANGERS. IMPRIMERIE BURDIN ET C$^{ie}$, RUE GARNIER, 4.

www.ingramcontent.com/pod-product-compliance
Lightning Source LLC
LaVergne TN
LVHW021744080426
835510LV00010B/1330